A HISTÓRIA DEVE SER DIVIDIDA EM PEDAÇOS?

Jacques Le Goff

A história deve ser dividida em pedaços?

Tradução
Nícia Adan Bonatti

Título original: *Faut-il vraiment découper l'histoire en tranches?*

Direitos de publicação reservados à:
Fundação Editora da Unesp (FEU)
Praça da Sé, 108
01001-900 – São Paulo – SP
Tel.: (0xx11) 3242-7171
Fax: (0xx11) 3242-7172
www.editoraunesp.com.br
www.livrariaunesp.com.br
atendimento.editora@unesp.br

CIP-BRASIL. Catalogação na fonte
Sindicato Nacional dos Editores de Livros, RJ

L528h

Le Goff, Jacques, 1924-2014

A história deve ser dividida em pedaços? / Jacques Le Goff; tradução Nícia Adan Bonatti – 1.ed. – São Paulo: Editora Unesp, 2015.

Tradução de: *Faut-il vraiment découper l'histoire en tranches?*
ISBN 978-85-393-0594-0

1. Idade Média – História. 2. Civilização medieval. 3. Europa – História – 476-1492. I. Título.

15-22817

CDD: 949,1
CDU: 94(4)
476/1492

Editora afiliada:

Sumário

Preâmbulo

Nem tese nem síntese, este ensaio é o resultado de uma longa pesquisa: uma reflexão sobre a história, sobre os períodos da história ocidental, no centro da qual a Idade Média é minha companheira desde 1950. Foi logo após meu concurso para professor, em que o júri era presidido por Fernand Braudel e no qual a história medieval era representada por Maurice Lombard.

Portanto, trata-se de uma obra que há muito tempo carrego em mim, alimentada por ideias que me são importantíssimas e que pude formular, aqui e acolá, de diversas maneiras.[1]

A história, como o tempo que é sua matéria, inicialmente parece ser contínua, mas ela também é feita de mudanças. Há muito tempo os especialistas buscaram localizar e definir essas mudanças, recortando, nessa continuidade, as seções que primeiramente chamamos de "idades", e depois de "períodos" da história.

---

1 Vide principalmente uma coletânea de entrevistas e de artigos diversos publicada na revista *L'Histoire* entre 1980 e 2004, retomada sob o título *Un long Moyen Âge* [*Uma longa Idade Média*].

Escrito em 2013, no momento em que os efeitos cotidianos da "mundialização" são cada vez mais tangíveis, este livro-percurso retorna sobre as diversas formas de conceber as periodizações: as continuidades, as rupturas, os modos de pensar a memória da história.

Ora, o estudo desses diferentes tipos de periodização permite avaliar, parece-me, o que podemos chamar de uma "longa Idade Média", principalmente se ao mesmo tempo considerarmos as significações que se quis atribuir, a partir do século XIX, ao "Renascimento" e à centralidade desse "Renascimento".

Dito de outra forma, ao tratar do problema geral da passagem de um período a outro, examino um caso particular: a pretensa novidade do "Renascimento" e sua relação com a Idade Média. Assim, este livro põe em evidência as características principais de uma longa Idade Média ocidental, que poderia ir da Antiguidade tardia (do século III ao VII), até a metade do século XVIII.

Essa proposta não se esquiva da consciência que doravante temos da mundialização das histórias. O presente e o futuro engajam cada setor da historiografia em um reexame dos sistemas de periodização. É para essa tarefa necessária que este livro exploratório gostaria de também contribuir.[2]

Se, por um lado, a "centralidade" do "Renascimento" é colocada no centro deste ensaio, incitando à renovação de nossa visão

---

2 A bibliografia ao final do volume convida a continuar, por outras leituras, o estudo de questões que frequentemente são pouco abordadas aqui.

histórica – que frequentemente é muito limitada – sobre essa Idade Média à qual dediquei com paixão minha vida de pesquisador, por outro, as questões levantadas dizem respeito principalmente à própria concepção da história em "períodos".

Esclarecendo esses problemas da historiografia, este livro pretende ser uma contribuição, ainda que modesta, à nova reflexão ligada às histórias globalizadas.

Prelúdio

Um dos problemas essenciais da humanidade, surgido com seu próprio nascimento, foi dominar o tempo terrestre. Os calendários permitiram organizar a vida cotidiana, pois quase sempre estão ligados à ordem da natureza, com duas referências principais, o Sol e a Lua. Contudo, os calendários em geral definem um tempo cíclico e anual, e permanecem ineficazes para pensar tempos mais longos. Ora, se por um lado a humanidade, até o presente, não é capaz de prever o futuro com exatidão, por outro lhe importa dominar seu longo passado.

Para organizá-lo, recorreu-se a vários termos: falou-se de "idades", "épocas", "ciclos"; contudo, o que me parece ser mais bem adaptado é "períodos". "Período" vem do grego *períodos*,[3] que designa um caminho circular. Entre os séculos XIV e

---

3 Valéry e Dumoulin (orgs.), *Périodes. La construction du temps historique. Actes du Ve colloque d'Histoire au présent*; Leduc, Période, périodisation. In: Delacroix, Dosse, Garcia e Offenstadt (orgs.), *Historiographies. Concepts et débats, II*, p.830-8; para "Idade", ver Luneau, *L'Histoire du salut chez les Pères de l'Église, la doctrine des âges du monde*; "Époque" é o termo usado por Krzysztof Pomian em seu grande livro, *L'Ordre du temps*, cap. III, "Époques", p.101-63.

XVIII, o termo tomou o sentido de "intervalo de tempo" ou "idade". No século XX, produziu a forma derivada, "periodização".

O termo "periodização" será o fio condutor do presente ensaio. Ele indica uma ação humana sobre o tempo e sublinha que seu recorte não é neutro. Trataremos aqui de evidenciar as razões mais ou menos anunciadas, mais ou menos confessadas que os homens tiveram para recortar o tempo em períodos, amiúde associadas com definições que acentuam o sentido e o valor que eles lhe conferiram.

O recorte do tempo em períodos é necessário à história, quer seja ela considerada no sentido geral de estudo da evolução das sociedades ou no de tipo particular de saber e de ensino, ou ainda no sentido de simples desenrolar do tempo. Entretanto, essa divisão não é um mero fato cronológico, mas expressa também a ideia de passagem, de ponto de viragem ou até mesmo de retratação em relação à sociedade e aos valores do período precedente. Por conseguinte, os períodos têm uma significação particular; em sua própria sucessão, na continuidade temporal ou, ao contrário, nas rupturas que essa sucessão evoca, eles constituem um objeto de reflexão essencial para o historiador.

Este ensaio examinará as relações históricas entre o que normalmente chamamos de "Idade Média" e "Renascimento". Como se trata de noções que nasceram no decorrer da história, dedicarei uma atenção especial à época em que elas apareceram e ao sentido que então veiculavam.

Frequentemente se tenta associar "períodos" e "séculos". Esse último termo, usado no sentido de "período de cem anos", teoricamente começando por um ano cujo fim é "00", só apareceu no século XVI. Antes disso, a palavra latina *sæculum* designava o universo cotidiano ("viver no século") ou um período bem curto, mal delimitado e que levava o nome de um grande personagem que lhe teria dado seu brilho: por exemplo, "século de Péricles", "século de César" etc. A noção de século tem suas falhas. Um ano que termina em "00" raramente é um ano de ruptura na vida das sociedades. Deixou-se então entender ou mesmo afirmou-se que este ou aquele século começaria antes ou depois do ano "de virada" e se prolongaria além dos cem anos; ou, inversamente, terminaria mais cedo: assim, para os historiadores, o século XVIII começa em 1715, e o século XX, em 1914. Em que pesem todas essas imperfeições, o século tornou-se uma ferramenta cronológica indispensável, não somente para os historiadores, mas para todos aqueles que se referem ao passado.

Apesar disso, o período e o século não respondem à mesma necessidade. Se por vezes coincidem, é só por comodidade. Por exemplo, tendo a palavra "Renascimento" – introduzida no século XIX – se tornado a marca de um período, buscou-se fazê-la coincidir com um ou vários séculos. Ora, quando se iniciou o Renascimento? No século XV ou no XVI? Reiteradamente se realçará a dificuldade de estabelecer e justificar o início de um período. E veremos depois que a maneira de resolvê-la não é anódina.

Se, por um lado, a periodização oferece uma ajuda ao controle do tempo, ou melhor, ao seu uso, por outro ela algumas vezes faz surgir problemas de apreciação do passado. Periodizar a história é um ato complexo, carregado ao mesmo tempo de subjetividade e de esforço para produzir um resultado aceitável para o maior número de pessoas. É, acredito, um apaixonante objeto de história.

Para terminar este prelúdio, gostaria de sublinhar, como o fez em particular Bernard Guenée,[4] que isto a que chamamos de "história, ciências sociais", levou tempo para se tornar o objeto de um saber, se não "científico", pelo menos racional. Este saber que se estende sobre o conjunto da humanidade só se constituiu verdadeiramente no século XVIII, quando entrou nas universidades e nas escolas. De fato, o ensino constitui a pedra fundamental da história como conhecimento. É indispensável lembrar-se desse dado para compreender a história da periodização.

4 Guenée, no artigo "Histoire", In: Le Goff e Schmitt (orgs.), *Dictionnaire raisonné de l'Occident médiéval*, p.483-96.

Antigas periodizações

Muito antes de adquirir seu direito de cidadania na historiografia e na pesquisa histórica, a noção de período já era usada para a organização do passado. Essa divisão do tempo tinha sido principalmente obra de religiosos, que a aplicavam em função de critérios religiosos ou por referência a personagens tirados de livros sagrados. Como meu objetivo é mostrar o que a periodização trouxe para o saber e para a prática social e intelectual do Ocidente, eu me contentarei em lembrar as periodizações adotadas na Europa – as outras civilizações, por exemplo, os maias, usaram sistemas diferentes.

Uma notável obra coletiva, recentemente publicada sob a organização de Patrick Boucheron[5] e inspirada pela onda de globalização, confronta a situação dos diferentes países no século XV, sem por isso integrá-los numa periodização da história. Dentre as numerosas tentativas atuais de revisar a periodização histórica em longo prazo, criada e imposta pelo Ocidente, para chegar seja a uma periodização única para o conjunto do mundo,

5 Boucheron (org.), *Histoire du monde au XVe siècle.*

seja a periodizações diferentes, assinalaremos as observações finais e sobretudo o quadro sincrônico das principais civilizações, desde mil anos antes da era comum até nossos dias, apresentados em conclusão da obra de Philippe Norel, *L'Histoire économique globale*.[6]

A tradição judaico-cristã propõe essencialmente dois modelos de periodização, utilizando cada um dos números simbólicos: o número 4, relativo ao número de estações, o número 6, segundo as seis idades da vida. Notamos não somente um paralelismo, mas uma influência recíproca entre a cronologia individual das idades da vida e a cronologia universal das idades do mundo.[7]

O primeiro modelo de periodização é aquele proposto por Daniel no Antigo Testamento. Numa visão, o profeta vê quatro animais, que são a encarnação de quatro reinos sucessivos, cujo conjunto constituirá o tempo completo do mundo, desde sua criação até seu fim. Os animais, reis desses quatro reinos, se devoram sucessivamente. O quarto rei sonha em mudar os tempos, mas blasfema contra o Altíssimo e põe à prova os seus desejos. Então vem, com as nuvens do céu, um Filho de homem a quem o Ancião dos dias confere Império, Honra e Reino, e todos os povos, nações e línguas o servem. Seu império, eterno, não passará, nem será destruído.[8]

---

6 Norel, *L'Histoire économique globale*, p.243-6.

7 Paravicini Bagliani, Âges de la vie. In: Le Goff e Schmitt, *Dictionnaire raisonée de l'Occident médiéval*, p.7-19.

8 Daniel, 7: 13-28.

Como indicado por Krzysztof Pomian, foi principalmente a partir do século XII que a periodização proposta por Daniel foi retomada pelos cronistas e teólogos.[9] Eles propuseram a ideia de *translatio imperii*, que fazia do Império Romano-Germânico o sucessor do último Santo Império de Daniel. No século XVI, Melâncton (1497-1560) divide a história universal em quatro monarquias. Outra periodização na linhagem de Daniel pode ser vista em 1557, em *Trois Livres des quatre empires souverains, à savoir de Babylone, de Perse, de Grèce et de Rome* [Três Livros dos quatro impérios soberanos, a saber, da Babilônia, da Persa, da Grécia e de Roma], de Jean Sleidan (1506?-1556).

O outro modelo judaico-cristão de periodização, que vicejou simultaneamente àquele de Daniel, vem de Santo Agostinho, a grande fonte do cristianismo medieval. No livro IX da *De Civitate Dei*[10] [*A cidade de Deus*] (413-427), Agostinho distingue seis períodos: o primeiro, de Adão a Noé; o segundo, de Noé a Abraão; o terceiro, de Abraão a Davi; o quarto, de Davi ao cativeiro de Babilônia; o quinto, do cativeiro de Babilônia ao nascimento de Cristo; o sexto, que deve durar até o final dos tempos.

Daniel e Agostinho fazem a divisão dos tempos inspirados pelos ciclos da natureza. Os quatro reinos de Daniel correspon-

---

9 Vide Pomian, *L'Ordre du temps*, p.107.

10 Santo Agostinho, *A cidade de Deus*, v. I e II. Tradução, prefácio, nota biográfica e transcrições de J. Dias Pereira. Lisboa: Fundação Calouste Gulbenkian, 1996. (N. T.)

dem às quatro estações, enquanto os seis períodos de Agostinho remetem, de um lado, aos seis dias da Criação, e de outro às seis idades da vida: a pequena infância (*infantia*), a infância (*pueritia*), a adolescência (*adolescentia*), a juventude (*juventus*), a maturidade (*gravitas*) e a velhice (*senectus*). Contudo, ambos conferem a suas periodizações uma significação simbólica. Na concepção do tempo do passado longínquo, os períodos não podem ser sequências neutras. Eles exprimem diversos sentimentos em relação ao tempo e a isso que se chamará, numa longa elaboração plurissecular, a "história".[11]

Daniel, que expõe ao rei persa Nabucodonosor a série dos quatro períodos, indica que cada reino marcará um declínio em relação ao precedente, até o reino criado por Deus, que enviará um "Filho de homem"[12] (no qual os Pais da Igreja quiseram reconhecer Jesus) sobre a Terra, o qual conduzirá o mundo e a humanidade para a eternidade. Portanto, essa periodização combina a ideia de decadência nascida do pecado original e a fé no futuro de uma eternidade que será – Daniel não o diz, mas deixa subentender – uma felicidade para os eleitos e uma desgraça para os danados.

---

11 É preciso lembrar de que existiram – além dos criadores ou utilizadores da divisão do tempo, de um lado, e calendários, de outro – utilizadores da divisão do tempo a que chamamos de cronógrafos e que foram brilhantemente definidos e apresentados pelo historiógrafo François Hartog. Vide Ordre des temps: chronographie, chronologie, histoire, In: *Recherches de Sciences Sociales, 1910-2010. Théologies et vérité au défi de l'histoire*, p.279 e ss.

12 Filho de homem. Daniel, 7:13.

Por sua vez, Agostinho insiste ainda mais sobre a decrepitude progressiva, modelando-a na imagem da vida humana, que finaliza na velhice. Sua periodização contribui para reforçar o pessimismo cronológico que reinava reiteradamente nos monastérios da alta Idade Média. Adicionando-se ao desaparecimento progressivo do ensino das línguas e das literaturas grega e latina, o sentimento de declínio nele prevalece, e a expressão *mundus senescit*, "o mundo envelhece", torna-se corrente nos primeiros séculos da Idade Média. Até o século XVIII, essa teoria do envelhecimento do mundo impediu que nascesse a ideia de progresso.

Apesar disso, o texto de Agostinho deixa entrever uma possível melhoria do tempo do porvir. Na sexta idade, entre a Encarnação de Jesus e o Julgamento Final – que propõem a redenção em relação ao aviltamento do passado, e a esperança em relação ao devir –, o Homem, rapidamente corrompido e corrompendo o tempo humano pelo pecado original, continua, apesar de tudo, criado "à imagem de Deus". Dessa forma, a Idade Média sempre encontrará em si os dons de renovação do mundo e da humanidade que, mais tarde, serão chamados de renascimentos.

Nesse exame dos esforços da humanidade para controlar o tempo, é preciso assinalar um acontecimento de considerável influência: a proposta – feita no século VI da era cristã por Denis, o Pequeno, um escritor da Scythia[13] radicado em Roma – de

13 Território na Eurásia central habitado pelos scythes até o século II d.C. Sua posição e extensão variaram durantes os séculos. (N. T.)

introduzir um corte fundamental antes e depois da Encarnação de Jesus Cristo. Isto, é claro, segundo os cálculos feitos posteriormente por especialistas no estudo do Novo Testamento. Denis, O Pequeno, provavelmente enganou-se e Jesus certamente nasceu quatro ou cinco anos antes da data que ele havia proposto. Aqui, isso pouco importa. O essencial continua a ser que, doravante, no Ocidente e no nível internacional reconhecido pela ONU, o tempo do mundo e da humanidade é primordialmente exposto como "antes" ou "depois de Jesus Cristo".

No início do século XXI, ocorrem pesquisas em diversos quadrantes do mundo para – aproveitando isso a que se chama de "mundialização" – mundializar o tempo, o que, em muitas instituições e trocas entre as diferentes culturas e religiões, impõe a periodização ocidental às outras civilizações. Essa situação e esses esforços legítimos estão no cerne das inquietações que pesam sobre a periodização da história – que, apesar de tudo, é essencial para a humanidade.

Dentre os grandes espíritos que, na Idade Média, relançaram a teoria agostiniana das seis idades, é preciso assinalar alguns homens influentes, tais como Isidoro de Sevilha (cerca de 570-636) e sua *Chronica Majora* – que, aliás, é também o célebre autor das *Etymologiae*. E o anglo-saxão Beda, o Venerável (673-735), grande teólogo do tempo, sobretudo em seu *De temporum ratione*, que termina com uma crônica universal até 725. E o franciscano Vincent de Beauvais (em torno de 1260), que trabalhou em Royaumont e dedicou ao rei Luís IX (São Luís) uma tripla enciclopédia cujo terceiro volume, *Speculum historiale*, utiliza a periodização agostiniana.

A Idade Média conheceu outras concepções do tempo, na continuidade das periodizações religiosas. Reterei apenas a que sem dúvida é a mais importante, se considerarmos a expansão da obra e de seu autor: aquela exposta na *Legenda aurea* (Lenda dourada) pelo dominicano genovês Jacopo (ou Tiago) de Varazze (segunda metade do século XIII). Tentei mostrar, numa obra anterior, que a *Legenda aurea* não era, como se afirmou durante muito tempo, uma obra hagiográfica.[14] Trata-se da descrição e da explicação dos períodos sucessivos do tempo criado e oferecido por Deus ao Homem, tendo como ponto central o nascimento de Cristo.

Segundo Jacopo de Varazze, esse tempo é definido por dois princípios, o "sanctoral" e o "temporal". Se o *sanctoral* se baseia na vida de 153 santos – número igual ao dos peixes da pesca milagrosa no Novo Testamento –, o temporal é organizado pela liturgia e o que ela reflete, a evolução das relações entre Deus e o Homem. O tempo da humanidade é, para Jacopo de Varazze, o tempo dado por Deus a Adão e Eva, mas que eles desonraram pelo pecado original. Esse tempo é parcialmente redimido pela Encarnação e a morte de Jesus feito homem, e leva a humanidade, depois de sua morte, ao fim do mundo e ao Julgamento Final.

14 Le Goff, *À la recherche du temps sacré. Jacques de Voragine et la Légende dorée.*

Desse recorte do tempo resulta uma divisão em quatro períodos. O primeiro deles, o tempo do "desvario", estende-se de Adão a Moisés. O tempo seguinte, de Moisés à natividade de Cristo, é o da "renovação" ou do "chamado". A Encarnação de Cristo faz surgir um terceiro período, curto, porém essencial, o da "reconciliação", entre a Páscoa e o Pentecostes. Por fim, "o período atual" é o da "peregrinação", um tempo de jornadas a lugares santos sobre a Terra do Homem, sendo que seu comportamento e sua piedade conduzirão, no Julgamento Final, ao paraíso ou ao inferno.

Sem dúvida, a mais surpreendente periodização da história mundial é aquela proposta por Voltaire. Eis o que ele escreve em *Le Siècle de Louis XIV* (1751):

> Todos os tempos produziram heróis e políticos; todos os povos passaram por revoluções; todas as histórias são quase iguais para quem só quer pôr fatos em sua memória. Mas, para alguém que pensa, e o que é ainda mais raro, para alguém que tem bom gosto, só há quatro séculos na história do mundo. Essas quatro idades felizes são aquelas em que as artes foram aperfeiçoadas e que, servindo de época para a grandeza do espírito humano, são o exemplo da posteridade.[15]

Voltaire usa assim o termo "século" não no sentido relativamente novo para sua época, dado que surgido no final do século XVI, mas difundido somente no século XVII, de "período de

15 Esse texto já mereceu a atenção de Krzysztof Pomian, *L'Ordre du temps*, p.123-5.

cem anos", mas como época correspondente a uma espécie de apogeu. O primeiro desses quatro séculos é, para Voltaire, o da Grécia antiga, de Filipe, Alexandre, Péricles, Demóstenes, Aristóteles, Platão etc. O segundo é aquele de César e de Augusto, ilustrado pelos grandes escritores romanos de sua época. O terceiro é aquele "que se seguiu à tomada de Constantinopla por Maomé II" e que se manifesta essencialmente na Itália. O quarto é o século de Luís XIV, e Voltaire estima que este "talvez seja, dos quatro, aquele que mais se aproxima da perfeição": os principais progressos ocorrem no campo da razão, da filosofia, das artes, dos espíritos, dos costumes e do governo.

Na perspectiva de nossa reflexão, essa periodização, mesmo fazendo emergir quatro notáveis períodos, comete no entanto o erro de deixar outras épocas na sombra. Ora, é nessa sombra que se encontra a Idade Média. Portanto, Voltaire também a vê como uma idade obscura – sem nem por isso opô-la ao Renascimento ou aos Tempos modernos. A despeito disso, essa abordagem interessa a nosso estudo por reconhecer a importância da segunda metade do século XV na Itália.

As periodizações paralelas dos quatro reinos de Daniel e das seis idades de Santo Agostinho duraram globalmente até o século XVIII. Entretanto, a Idade Média também viu nascer uma nova reflexão sobre o tempo, que tomou forma no século XIV.

Aparecimento tardio da Idade Média

É claro que a partir de Denis, o Pequeno, os homens e as mulheres que viviam na cristandade sabiam, pelo menos no seio da elite clerical e laica, que a humanidade havia entrado em uma nova era com o aparecimento de Cristo e, sobretudo, com a conversão do imperador Constantino ao cristianismo no início do século IV. Apesar disso, não havia nenhuma periodização oficial do passado, e o único recorte cronológico continuava a ser o nascimento de Cristo. O desejo de periodização só apareceu nos séculos XIV e XV, ao final do período que, precisamente, foi definido em primeiro lugar: a Idade Média.

Notemos que, se na Idade Média já circulavam os conceitos de antigo e de moderno, correspondendo aproximadamente àqueles de pagão e de cristão, curiosamente o período que o havia precedido, a Antiguidade, não havia ainda sido definido. A palavra "Antiguidade", vinda do latim *antiquitas*, significava então "envelhecimento" – confirmando a existência, antes da era cristã, da concepção agostiniana de que a humanidade havia chegado à sua velhice.

A partir do século XIV, mas sobretudo no século XV, alguns poetas e escritores, especialmente italianos, tiveram o sentimento de que evoluíam em uma nova atmosfera, e de que eram ao mesmo tempo o produto e os iniciadores dessa cultura inédita. Quiseram então definir, de modo pejorativo, o período do qual eles pensavam afortunadamente sair. Esse período, se terminasse com eles, teria começado aproximadamente com o fim do Império Romano, época que, aos seus olhos, encarnava a arte e a cultura, que havia testemunhado o surgimento de grandes autores – que, aliás, eles conheciam muito mal: Homero, Platão (somente Aristóteles era utilizado na Idade Média), Cícero, Virgílio, Ovídio etc. Desse modo, o período que eles buscavam definir tinha como única particularidade o fato de ser intermediário entre uma Antiguidade imaginária e uma modernidade imaginada, a que deram o nome de "idade média" (*media ætas*).

O primeiro a empregar a expressão foi o grande poeta italiano Petrarca (1304-1374), no século XIV. No século XV foi seguido, particularmente em Florença, por poetas e principalmente por filósofos, por moralistas. Todos tinham o sentimento de personificar uma moral e valores novos nos quais, mais que a preeminência de Deus e dos apóstolos, dos santos etc., impunha-se o Homem em suas virtudes, em seus poderes, em sua condição: daí vem o nome de "humanistas" que eles se deram. Assim, na obra do bibliotecário pontifical Giovanni Andrea (1417-1475), considerado como um humanista de qualidade, encontramos, em 1469, a primeira utilização do termo "Idade Média" com um valor de periodização cronológica: ele distingue "os antigos da Idade Média (*media tempestas*) dos modernos de nosso tempo".

Entretanto, o uso da expressão "Idade Média" não parece ter sido corrente antes do fim do século XVII. Na França, na Itália e na Inglaterra, no século XVI e principalmente no XVII, falava-se mais em "feudalidade" [*féodalité*]. Apesar disso, na Inglaterra, a expressão "tempos sombrios", *dark ages*, foi cada vez mais empregada pelos eruditos para designar esse período. Em 1688, o historiador luterano alemão Christoph (Keller) Cellarius, no segundo tomo de sua *História universal*, define a primeira Idade Média como o período que vai do imperador Constantino até a tomada de Constantinopla pelos turcos em 1453.[16] A expressão, ou expressões equivalentes ou vizinhas, acabou por triunfar entre os filósofos do século XVIII, de Leibniz a Rousseau.

No entanto, foi preciso esperar até o século XIX e o romantismo para que a Idade Média perdesse sua conotação negativa e se revestisse de certo brilho: assim ocorre com a publicação de *Notre-Dame de Paris*, de Victor Hugo, ou com a fundação, na França, em 1821, da École Nationale des Chartes,[17] ou ainda com

---

16 A expressão *Media Ætas* é encontrada desde 1518, usada pelo erudito suíço Joachim von Watt (Vadian) e em 1604 pelo jurista alemão Goldast, sob a forma *Medium Ætum*. Vide Burr, How the Middle Ages got their name?, *The American Historical Review*, v.XX, n.4, 1915, p.813-4 Agradeço a Jean-Claude Schmitt por me ter proporcionado conhecer esse artigo.

17 École Nationale des Chartes: escola francesa, sediada em Paris, especializada na formação em ciências fundamentais da história. Desfruta até hoje do estatuto de *Grand École*, denominação que assegura uma

o lançamento, na Alemanha, entre 1819 e 1824, das *Monumenta Germaniae Historica*, que publicam as fontes concernentes à Alemanha antiga e sobretudo medieval. Em 1840, Victor Cousin pôde escrever: "Depois de ter, no primeiro momento de emancipação, acusado, blasfemado, desdenhado a Idade Média, nós nos pomos a estudá-la com ardor e até mesmo com paixão".[18] A história medieval, tornada simultaneamente científica e social, faz esforços até mesmo para ser global. Com o norte-americano Charles Haskins (1870-1937) e sua obra sobre o "Renascimento do século XII",[19] e sobretudo com o francês Marc Bloch (1886-1944) e a escola dos Annales, a Idade Média torna-se uma época criativa, com seus brilhos (é, em particular, o "tempo das catedrais") e suas sombras. Contudo, mesmo que o termo tenha perdido seu sentido pejorativo entre os historiadores, a expressão "Não estamos mais na Idade Média" perdura, prova da perpetuação de uma imagem negra dessa época.

Uma história dessa concepção negativa da Idade Média entre o século XV e o final do século XVIII foi mapeada por Eugenio Garin.[20] Esse estudo esclarece as noções de renovação e de renascimento, por um lado, e de trevas, por outro, associadas à Idade

---

educação de alto nível. Encontra-se sob a tutela do Ministério de Educação Nacional. (N. T.)

18 Cousin, *Œuvres*, t.I: *Cours de l'histoire de la philosophie*, p.17.

19 Haskins, *The Renaissance of the Twelfth Century*.

20 Garin, Medio Evo e tempi bui: concetto e polemiche nella storia del pensiero dal XV al XVIII secolo. In: Branca (org.), *Concetto, storia, miti e i mmagini del Medio Evo*, p.199-224.

Média pelos pensadores europeus para fazer dela um período obscuro, caracterizado pela ignorância. Foi somente no início do século XIX que uma polêmica opôs os partidários de uma nova imagem da Idade Média, positiva – particularmente Costantino Battini (1757-1832), em sua *Apologia dei Secoli Barbari* (1824) –, aos adeptos de uma visão tenebrosa dessa época, resumida no final do século XVIII por Saverio Bettinelli (1718-1808).

A periodização da história jamais é um ato neutro ou inocente: a evolução da imagem da Idade Média na época moderna e contemporânea comprova isso. Por meio da periodização, expressa-se uma apreciação das sequências assim definidas, um julgamento de valor, mesmo que seja coletivo. Aliás, a imagem de um período histórico pode mudar com o tempo.

A periodização, obra do homem, é portanto ao mesmo tempo artificial e provisória. Ela evolui com a própria história. Em relação a isso, ela tem uma dupla utilidade: permite melhor controlar o tempo passado, mas também sublinha a fragilidade desse instrumento do saber humano que é a história.

O termo "Idade Média", que expressa a ideia de que a humanidade sai de um período brilhante esperando, sem dúvida, entrar num período tão radioso quanto, é difundido, diz-se, no século XV, principalmente em Florença: aí está a razão pela qual essa cidade se torna o centro do humanismo. O próprio termo "humanismo" não existe antes do século XIX: em torno de 1840, ele designa a doutrina que coloca o homem no centro do pensamento e da sociedade. Parece que ele é primeiramente encontrado na Alemanha, e depois em Pierre Joseph Proudhon, em

1846. É em 1877 que aparece a expressão "humanistas do Renascimento". Vemos que o termo "Renascimento" levou tempo para impor-se diante do termo "Idade Média". A oposição entre ambos data das lições de Jules Michelet no Collège de France, em 1840: voltaremos a isso.

Se agora nos voltarmos para trás, a cronologia não é mais clara, nem mais precoce. Na Idade Média, a noção de "Antiguidade" é reservada a Grécia e Roma pelos eruditos. A ideia de uma Antiguidade da qual, de alguma forma, sairia a Idade Média – dado que esse período dito antigo parece ter sido o modelo e a nostalgia da maior parte dos clérigos medievais – não aparece antes do século XVI, e ainda assim de maneira fluida. Montaigne, na narrativa de sua viagem à Itália (1580-1581), utiliza o termo "Antiguidade" no sentido que conhecemos, como período anterior à Idade Média, porém Du Bellay, em suas *Antiquités de Rome* (1558), só o emprega no plural.

Duas observações se impõem aqui. Em primeiro lugar, é a importância da Itália nessa longa história de periodização do tempo. Assim, desde a época pagã até o cristianismo, Roma mediu o tempo ocidental a partir de sua fundação mítica por Rômulo e Remo em 753 a.C. (referência que, é bom que se diga, não existia nessa época, dado que a entrada conquistadora do nascimento de Cristo na periodização cristã só data de Denis, o Pequeno, no século VI). Outras características garantiram à Itália um lugar particular na história medieval: sua conquista pelos lombardos, e depois por Carlos Magno; a presença em

Roma do papa, chefe da Igreja cristã, mas também dos Estados pontifícios; o regime da "comuna" numa Europa dominada pela monarquia; a importância do comércio (principalmente com o Oriente) e da arte. Encontraremos essa especificidade italiana na emergência do termo "Renascimento".

A segunda observação diz respeito à passagem entre o que se chama de "Antiguidade" e a "Idade Média". Durante muito tempo se fez corresponder o fim da Antiguidade com a conversão do imperador Constantino ao cristianismo (Édito de Milão, 313) ou com a remissão ao imperador de Bizâncio das insígnias imperiais ocidentais (476). Porém, vários historiadores enfatizaram que a transformação de uma época a outra foi longa, progressiva, cheia de sobreposições. Foi então proposta a ideia de que não se podia fixar uma data de ruptura clara entre ambas. A abordagem que prevalece em nossos dias é a de uma mutação que teria durado do século III ao VII e, seguindo o modelo dos historiadores alemães que primeiro definiram o termo *Spätantike*, esse período recebeu o nome de "Antiguidade tardia".[21]

Outro tipo de ruptura periódica é observada entre os marxistas, ligada à transformação das forças de produção. O exemplo que frequentemente é lembrado merece ser citado a título metodológico. Ele encontra sua fonte num artigo escrito pelo historiador da Idade Média, Ernst Werner, que vivia na RDA no tempo da divisão da Alemanha e que, se não era membro do

21 Vide o estudo esclarecedor de Bertrand Lançon, *L'Antiquité tardive*.

Partido, havia adotado a visão marxista da história.[22] Para ele, a passagem da Antiguidade para a Idade Média corresponde à da escravidão à feudalidade. Não me deterei nessa questão porque não acho pertinente o termo "feudalidade". Contudo, este acabou por substituir o termo "Idade Média", e o feudo se tornou, para os juristas do século XVIII, o tipo de posse de uma terra no sistema medieval. Não obstante, o termo não expressa nem a riqueza, nem as transformações, nem o caráter social e cultural desse período. Parece-me que, no decorrer da história, "Idade Média" livrou-se de seu sentido pejorativo: é cômodo continuar a usá-lo, então vamos conservá-lo.

Veremos, por fim, ao final de meu ensaio de demonstração da existência de uma longa Idade Média e da inaceitabilidade do Renascimento como período específico, os novos horizontes que oferecem ao estudo da história as perspectivas abertas, por exemplo, por Georges Duby, em *Histoire continue*,[23] e sobretudo por Fernand Braudel, no que concerne à longa duração.

É preciso rememorar um momento essencial na periodização da história: a transformação do gênero histórico, como narrativa e moral, em ramo do saber, disciplina profissional e, sobretudo, matéria de ensino.

---

22 Werner, De l'esclavage à la féodalité: la périodisation de l'histoire mondiale, *Annales ESC*, 17-5, p.930-9.

23 Duby, *Histoire continue*. [Ed. bras.: *A história contínua*. (N. T.)]

História, ensino, períodos

Com a periodização, o historiador formata uma concepção do tempo e simultaneamente oferece uma imagem contínua e global do passado, que acabamos por chamar "história".

Em lugares cristãos, particularmente na Europa, duas concepções do tempo parecem *a priori* excluir qualquer periodização, apesar de a ela se submeterem. A primeira é a de uma corrente do tempo: Jean-Claude Schmitt realçou-a na iconografia do célebre saltério da rainha da França, Blanche de Castille, no início do século XIII.[24] Entretanto, uma corrente pode conter uma fragmentação em séries mais ou menos longas de elos e não se opõe, portanto, a um trabalho de periodização. A segunda abordagem, igualmente estudada por Jean-Claude Schmitt, é aquela proposta pela história santa. Ora, esta pode muito bem, como já foi feito na parte antiga do Antigo Testamento, fragmentar-se em períodos de tempo sucessivos, especialmente quando ao Pentateuco sucedem os livros proféticos ou propriamente históricos, tais como o livro dos Reis ou o livro das Crônicas.

---

24 Schmitt, L'imaginaire du temps dans l'histoire chrétienne. In: *PIS-MA*, t. XXV/1 e 2, n.49-50, p.135-59.

De fato, exceção feita ao tempo cíclico, que nunca ofereceu nenhuma teoria "objetiva" da história, todas as concepções do tempo são suscetíveis de serem racionalizadas e explicadas, tornando-se dessa maneira "história" e permitindo, tanto na memória das sociedades humanas quanto no trabalho do historiador, a elaboração de uma ou várias periodizações.

Em geral, considera-se que a história ocidental tem duas origens: de um lado o pensamento grego, em particular a partir de Heródoto (século V a.C.),[25] e de outro a Bíblia e os pensamentos hebraico e cristão.[26] Aquilo que é atualmente a "história" constituiu-se em seguida de maneira lenta, primeiramente em saber particular, depois em matéria de ensino. Ora, essas duas evoluções são necessárias para que nasça a necessidade de fracionar a história em períodos.

A constituição da história em saber particular foi tema de inúmeros trabalhos. Colocarei na fila da frente os trabalhos de Bernard Guenée.[27] As obras que prefiguram a história como saber têm naturezas diversas, e seus autores, tipos diferentes. Ao lado do monge mergulhado na história da Igreja ou de seu con-

---

25 Ver especialmente Hartog, *Le Miroir d'Hérodote. Essai sur la représentation de l'autre.* A passagem frequente do mito e da epopeia à história que se realiza nesse caso na evolução, de Homero a Heródoto, do pensamento grego sobre o tempo. Vide também Hartog (org.), *L'Histoire d'Homère à Augustin.*

26 Baseio-me aqui na tese de Pierre Gibert, a partir do livro de Josué, *La Bible à la naissance de l'histoire.*

27 Guenée, *Étude sur l'historiographie médiévale, Histoire et culture historique dans l'Occident médiéval*; Histoire, art. cit., p.483-96.

vento, encontramos cronistas de corte, como Jean Froissart (1337?-1410?), ou o enciclopedista, como Vincent de Beauvais. Uma parte da produção histórica era escrita sobre rolos, e esse suporte evocava a continuidade do tempo.

Nesse universo, o cronista era aquele que mais se aproximava do historiador tal como este é entendido na concepção moderna. Entretanto, quando as universidades foram fundadas –as primeiras universidades importantes no final do século XII e no início do século XIII, e para o conjunto da Europa até o final do século XV –, essa história em crônicas ainda não tinha como propósito ser ensinada. As coisas só foram se modificando, lentamente, entre o século XVI e o fim do século XVIII.

No século XVII, os progressos da erudição (quer se tratasse da pesquisa, da constituição ou do tratamento das fontes históricas) ocupam um lugar central nessa evolução. Vários grandes eruditos surgiram então, dentre os quais dois franceses: o senhor Du Cange (1610-1688), bizantinista e lexicógrafo que escreve especialmente um importante dicionário de latim medieval, *Glossarium mediæ et infimae latinitatis* (1678), e Dom Jean Mabillon (1632-1707), beneditino que trabalha sobretudo na abadia de Saint-Germain-des-Prés, às portas de Paris, e escreve, entre outras obras, *De re diplomatica* (1681), um tratado da ciência dos diplomas, das cartas, ligado a sua compreensão e a seu estudo, a paleografia. Um trabalho de erudição que caminha no mesmo sentido daquele de Dom Mabillon foi realizado por um italiano, Lodovico Antonio Muratori, que publicou em latim os 28 volumes dos *Rerum Italicarum Scriptores* (1723-1751).

A difusão, nos séculos XVII e XVIII, desse saber relacionado principalmente com a Idade Média dá origem ao que Arnaldo Momigliano chamou de uma "revolução" do método: o amor pela verdade sentido pelo historiador passa, doravante, pela administração da prova. As diferentes periodizações baseiam-se desde então em sistemas de estabelecimento da verdade histórica.

Contudo, para que a história se transforme em saber suscetível de ser recortado em períodos é preciso também que ela aceda ao ensino. Ensinada, a história não é mais simplesmente um gênero literário, ela amplia seu horizonte. E por certo as universidades que nascem na Europa a partir do fim do século XII não propõem de imediato a história como matéria de ensino, mas desempenham um papel maior nessa evolução.

Parece-me que, antes do século XII, não houve na França tentativas de ensinar a história. Em que pesem seus esforços, François de Dainville não consegue provar a existência dela nos colégios jesuítas.[28]

Annie Bruter mostra bem como no decorrer do século XVII a transformação dos sistemas de educação, numa vertente, e as práticas historiadoras, em outra, fazem entrar o ensino da história nas escolas, colégios e universidades.[29] Podemos assim assinalar a integração da história na formação dos herdeiros reais. Bossuet, por exemplo, envia uma carta para o papa descrevendo a educação que ele ministra e faz ministrar ao Grande Delfim, filho de Luís XIV. Certos editores e autores conseguem

28 Dainville, *L'Éducation des jésuites. XVI-XVIII siècle.*

29 Bruter, *L'Histoire enseignée au Grand Siècle. Naissance d'une pédagogie.*

obter mais ou menos clandestinamente as informações sobre esse ensino delfinal e, por sua vez, publicam obras que plagiam ou desenvolvem esse programa.

Da mesma forma, o ensino da história estende-se às crianças. Os pedagogos inserem em suas lições jogos, fábulas, narrativas, que permitem ensinar as bases da história associadas ao divertimento. Por exemplo, *L'Abrégé méthodique de l'histoire de France*, de Claude-Oronce Finé de Brianville (1608-1674), conta, por meio de histórias, os reinos sucessivos dos reis da França. *Le Jeu de cartes*, de Desmarets de Saint-Sorlin (1595-1674), é organizado em torno de personagens reais.

A religião, igualmente, oferece um novo lugar à referência histórica, com o *Catéchisme historique*, por exemplo, publicado em 1683 pelo futuro cardeal de Fleury.

Todavia, é bom não ter ilusões. A história ainda não é, propriamente falando, matéria de ensino.[30] Ela só virá a sê-lo no final do século XVIII e no início do século XIX. O caso francês pode ser tomado como exemplar.

O ensino da história foi favorecido na França pela edição regular de fontes efetuadas por especialistas, ancestrais dos historiadores ou os mais antigos dentre eles. Os primeiros são os bollandistas, do nome de seu fundador, o jesuíta belga Jean

---

30 Vide, por exemplo, Dhotel, *Les Origines du catéchisme moderne d'après les premiers manuels imprimés en France*, p.431: "O empreendimento de Fleury, mesmo que vivamente aprovado, não deve alimentar ilusões. O catecismo histórico no próprio pensamento do autor é apenas um prelúdio ao catecismo dogmático".

Bolland (1596-1665). Eles asseguraram a publicação, a partir de 1643, das *Acta sanctorum*: por meio desses textos dedicados aos santos, eram implementadas e aplicadas as regras da crítica "científica". Essa edição fundamental foi completada por diversas publicações eruditas, entre as quais, a partir de 1882, a revista *Analecta Bollandiana*: mesmo nesse meio instruído, a difusão da história foi lenta até o século XIX.

O que é ensinado sob o nome de "história" em alguns centros escolares do último terço do século XVIII diz mais respeito ao exemplo moral, por exemplo, nas escolas militares preparatórias criadas em 1776 e na Maison Royale de Saint-Louis, que recebe as filhas de militares da escola de Saint-Cyr. Pode-se resumir o objetivo central desse ensino pela fórmula *Historia magistral vitae* ("História professora de vida"): próximo da Revolução Francesa, ele parece destinado sobretudo a formar bons cidadãos – desejo que certos historiadores e professores não renegariam em nossos dias.

Com a criação dos liceus, sob Bonaparte, em 1802, o ensino da história é tornado obrigatório no secundário, mesmo que seu lugar continue a ser limitado. Na França, a Restauração corresponde ao verdadeiro início do ensino de história no secundário: o filósofo e antropólogo Marcel Gauchet mostrou esse fato com maestria. Fundou-se um prêmio de História no Concurso geral em 1819. A disciplina integra a prova oral do *baccalauréat*,[31] em

31 Também conhecido pela abreviatura *bac*, é um exame similar ao nosso vestibular, aplicado ao final do curso secundário. (N. T.)

1820, e a agregação[32] de história e de geografia é criada em 1830. Outra data importante marca a fundação, já mencionada, da École Nationale des Chartes em 1821.

A periodização então adotada nos manuais de ensino em geral retoma aquela que era restrita, antes da Revolução, aos colégios que concediam um lugar à história: história santa e mitologia, história da Antiguidade, história nacional. Ela reflete duas preocupações dos governantes da época: o cuidado em manter a religião, seja sob sua forma cristã, seja sob sua forma pagã, na história; a tomada de consciência, sancionada pela Revolução, da importância dos Estados chamados de nações.

Na França, o século XIX é também marcado pela sucessão de verdadeiros historiadores em altas funções políticas. Dessa forma, sob Luís Filipe, entre 1830 e 1848, Guizot é ministro do Interior, depois da Instrução Pública e, por fim, dos Negócios Estrangeiros. Victor Duruy é ministro da Instrução Pública sob Napoleão III, de 1863 a 1869. No fim do século, Ernest Lavisse, Gabriel Monod, Charles Seignobos, entre outros, são mais que historiadores, e a *Histoire de France*, de Lavisse, cuja primeira edição transformou-se em manual escolar, vem a ser, de certa forma, um manual nacional de história.[33]

32 Concurso para a admissão de professores no corpo docente de uma universidade. (N. T.)

33 Para essa parte usei especialmente o excelente artigo de Garcia e Leduc, Enseignement de l'histoire en France. In: Delacroix, Dosse, Garcia e Offenstade (orgs.), *Historiographies, Concepts et débats I*, p.104-11.

Podemos acompanhar a introdução da história no ensino universitário na Europa por meio da criação de cátedras reservadas a essa disciplina.[34]

A Alemanha é o país em que o reconhecimento da história como saber independente e a difusão de seu ensino são os mais precoces, impregnando mais profundamente o pensamento universitário, assim como o espírito nacional – ainda que o país continue politicamente dividido. A Reforma, no século XVI, dá uma chicotada nessa promoção. O ensino da história universal está presente em Wittenberg desde o início do século XVI; ele ocupa um lugar importante na universidade protestante de Marbourg, fundada em 1527, e na universidade protestante de Tübingen, em 1535-1536. A história também é ensinada em dupla: dentro de uma cátedra de história e retórica criada na universidade de Königsberg em 1544, de uma cátedra de história e poética instituída no mesmo ano em Greifswald, de uma cátedra de história e ética em Iena em 1548, de cátedras de história e poética em Heidelberg, em 1558, e em Rostock, em 1564. Uma cátedra autônoma de história é por fim criada em Freiburg em 1568 e em Viena em 1738. Podemos considerar que a história se difundiu de maneira independente na região germânica entre 1550 e 1650. O modelo de ensino universitário de história é aquele da universidade de Göttingen a partir da segunda metade do século XVIII.

34 Para esse esboço, utilizo principalmente o notável opúsculo de Momigliano, *Tra Storia e Storicismo*.

Na Alemanha, os dois grandes historiadores que, como Guizot e Michelet na França, lançaram a voga da história, são Carsten Niebuhr (1733-1815), que deixa uma história romana infelizmente inacabada, e principalmente Theodor Mommsen (1817-1903), que escreve uma célebre história romana e toma a direção das *Monumenta Germaniae Historica*.

A Inglaterra também é precoce. A história antiga ocupa uma cátedra em Oxford desde 1622, e a história geral em Cambridge, desde 1627. Uma cátedra de história moderna é fundada no mesmo ano, 1724, em Oxford e em Cambridge.

Na Suíça, uma cátedra de história é instituída na universidade de Basileia em 1659.

Na Itália, a Universidade de Pisa cria em 1673 uma cátedra de história eclesiástica e, em 1771, uma cátedra de história e de eloquência. De fato, a história demora a destacar-se do ensino ao qual estava colada, e que frequentemente era a retórica ou a moral. Nota-se que, na primeira metade do século XVII, ainda não existe cátedra de história em Turim, em Pádua ou em Bolonha. A primeira cátedra de história moderna é instituída em Turim em 1847.

Quanto à França, está muito atrasada. Somente em 1775 é criada uma cátedra de história e moral no Collège de France, e uma cátedra autônoma de história no início do século XIX na mesma instituição. Na Sorbonne, a primeira cátedra de história antiga aparece em 1808, e a primeira de história moderna, em 1812.

Na Espanha é preciso esperar por 1776 para que seja fundada uma cátedra de história na universidade de Oviedo. Na Irlanda, uma cátedra de história moderna aparece em 1762 no Trinity College, em Dublin.

O nascimento da história como matéria de ensino ainda diz respeito, então, ao domínio intelectual da Europa.

Os outros continentes e civilizações asseguram o conhecimento de sua história e da história do mundo por outras vias, essencialmente religiosas – como havia sido durante muito tempo o caso na Europa. Quanto aos Estados Unidos, é preciso que primeiramente vivam sua própria história para ocupar um lugar que se tornará muito importante, em sua medida, na história como saber no nível ocidental e, de modo mais genérico, mundial.

Chegamos ao momento do século XIX em que a história adquiriu, ao menos no mundo ocidental,[35] sua especificidade, em que ela se tornou matéria de ensino. Para poder melhor compreendê-la, melhor captar seus pontos de viragem, e assim ensiná-la, os historiadores e os professores precisam doravante sistematizar sua divisão em períodos. A partir da Idade Média e até então, a divisão mais empregada era a oposição entre Antigos e Modernos, definindo duas grandes fases da história. No entanto, pouco a pouco um período dito "Antiguidade" se impôs no Ocidente; a modernidade tornou-se um objeto de intermináveis discussões.

---

35 Dentre a abundante bibliografia, reterei Guenée, Histoire, art. citado, p.483-96; Le Goff, *Histoire et mémoire*; Hartog, *Croire en l'histoire* e *Évidence de l'histoire. Hagiographie ancienne et moderne*; Koselleck, *L'Expérience de l'histoire*; Ricœur, *Mémoire, Histoire, Oubli*.

Por outro lado, é no decorrer desse mesmo século XIX que renasce a oposição entre um Renascimento das Luzes e uma Idade Média obscura. Chegou então o momento de abordar mais precisamente o objeto essencial deste ensaio: as relações entre Idade Média e Renascimento.

Nascimento do Renascimento

Vimos que a ideia de um novo período que se oporia ao precedente, sendo este último considerado como uma fase de obscuridade que cede o lugar à luz, foi proposta pela primeira vez no século XIV pelo poeta italiano Petrarca. Para ele, o glorioso período greco-romano, freado no século IV, teria sido seguido por um tempo de "barbárie" e de "trevas", de "obscurecimento" da civilização. Segundo ele, era preciso voltar aos modos de pensar e de escrever dos "Antigos". Mas o termo "Renascimento" e a definição de um grande período da história colocado sob essa denominação, seguindo-se à Idade Média e opondo-se a ela, só datam do século XIX. Devemos isso a Jules Michelet (1798-1874).

Num primeiro momento, Michelet – no livro *Histoire de France*, que começa a ser publicado em 1833 – faz o elogio da Idade Média: esse período de luz, de criação, corresponde à sua visão de uma história fecunda e brilhante até a aproximação do século XVI e da Reforma.

Michelet afirma que, em sua apresentação da França medieval, pela primeira vez um historiador recorre a fontes inéditas:

> Até 1830 (e mesmo até 1836), nenhum dos notáveis historiadores dessa época ainda havia sentido a necessidade de pesquisar os fatos fora dos livros impressos, nas fontes primitivas, na maior parte então inéditas, nos manuscritos de nossas bibliotecas, nos documentos de nossos arquivos.[36]

Para Michelet, no entanto, desde o início de sua obra, o documento só foi um trampolim para a imaginação, um estalo para a visão. Vem em seguida a célebre passagem em que Michelet menciona a voz desses arquivos, que se eleva sobre o segredo dos lugares em que trabalha o historiador. A erudição é o andaime que o artista, o historiador, deve retirar quando a obra tiver sido realizada. Dessa forma, a Idade Média de Michelet sai tanto de sua imaginação quanto dos documentos de arquivos.

Ela é também um decalque de sua vida e de sua personalidade. Época de festa, de luz, de vida, de exuberância, a Idade Média de Michelet se torna, durante os anos 1830, e quando da morte de sua primeira esposa, em 1839, triste, obscurantista, petrificada, estéril. Se, por um lado, o historiador havia encontrado na Idade Média sua infância, sua matriz materna, agora ele a sente como um tempo longínquo, diferente, e até mesmo inimigo. Ele aspira a uma nova claridade: ela será o Renascimento.[37]

Em seu célebre artigo sobre a invenção do Renascimento por Michelet, Lucien Febvre (1878-1956) lembra que, na primeira

---

36 Michelet, *Œuvres completes*, p.11.

37 Le Goff, Le Moyen Âge de Michelet. In: ______. *Un autre Moyen Âge*, p.23-47.

metade do século XIX, evoluiu a apreciação, feita pelos grandes escritores, da época que corresponde aos séculos XV e XVI.[38] É o caso de Stendhal, Sainte-Beuve, Hugo, Musset. Porém, nenhum desses autores, bem como ninguém da época, recorreu a uma palavra específica para designar esse período. Ocorre que os historiadores e os letrados não tinham então o hábito de dividir a história em períodos, excetuando-se a divisão banal entre "antigo", "medieval", "moderno".

Em relação ao termo "renascimento", Lucien Febvre assinala que, com um "r" minúsculo, seu emprego é frequente para falar, por exemplo, de "renascimento das artes" ou de "renascimento das letras". Mas é Michelet, ele mesmo instigado por um sentimento de ressurreição no movimento da história, que dá ao período que começa no século XV – na Europa, sobretudo na Itália – o nome de "Renascimento", com um "R" maiúsculo. Recebido no Collège de France em 1838, onde pronuncia sua lição inaugural em 23 de abril, Michelet ali encontra a tribuna que permitirá que esse termo se difunda amplamente entre 1840 e 1860 e que então se imponha como um período.

Michelet é seduzido por dois personagens que evoca em sua *Histoire de France*: o duque de Borgonha, Carlos, o Temerário, e Carlos V. Ora, ele próprio vive nesse mundo banal, devorado pelo apetite do dinheiro, vulgarmente burguês, da França de

38 Febvre, Comment Jules Michelet inventa la Renaissance. In: *Le Genre humain*, n.27, L'Ancien et le Nouveau, p.77-87.

Guizot e de Augustin Thierry. Uma palavra de esperança, de claridade, de poesia, deve jorrar e invadir a literatura e as mentalidades. Essa palavra surge: é "Renascimento". Todavia, o Renascimento micheletista de 1840 não é o renascimento ou o relançamento de uma bela Idade Média, e sim o final desse "estado bizarro e monstruoso, prodigiosamente artificial":[39] a Idade Média cristã. O pessimismo de Michelet engoliu sua Idade Média.

A novidade ressoa durante seu curso no Collège de France em 1840. A Idade Média afundou nas trevas. Uma estrela nasce: o Renascimento. Michelet a impôs, dado que "tendo-a encontrado em mim, ela se tornou eu mesmo".[40]

Michelet retomou em seu curso a história da França desde a Gália romana e, chegando ao fim do século XV, declara: "Chegamos ao Renascimento por meio da palavra 'retorno à vida' [...], chegamos assim à claridade".[41] Ao mesmo tempo ele percebe – na esteira de Marco Polo, viajante na China, e de Cristóvão Colombo, descobridor da América – o início da mundialização. É também a vitória do povo contra as monarquias e as nações. Ele vê:

> [...] o mundo sair da Idade Média bem pequeno. [...] O personagem essencial era todo o mundo e o autor dessa grande mudança é o homem. [...] Vindo de Deus, o homem é, assim como Ele, criador. O

---

39 Ibid., p.85.

40 Ibid., p.87.

41 Michelet, *Cours au Collège de France*, p.339.

> mundo moderno foi sua criação, um novo mundo que a Idade Média não poderia conter em suas polêmicas negativas.[42]

Vem daí o título de sua segunda aula, de 9 de janeiro de 1840: "A vitória do homem sobre Deus".[43]

Definido por Michelet como uma "passagem ao mundo moderno", o Renascimento marca um retorno ao paganismo, ao gozo, à sensualidade, à liberdade. Foi a Itália que ensinou isso às outras nações europeias – em primeiro lugar à França, por ocasião das guerras da Itália, e depois à Alemanha e à Inglaterra. O Renascimento também recoloca a história num movimento cujo intérprete é o historiador. Seu ensino é dedicado a esclarecer os progressos do povo depois de sua grande solidão durante a Idade Média.

O curso de 1841 é ministrado sob o emblema do "Eterno Renascimento".[44] Ele enfoca principalmente a Itália e enfatiza tudo o que a França lhe deve. Michelet vê, a partir de Júlio César, uma "interdependência" entre os dois países e a expressa por meio da ideia de um "casamento fecundo", de uma "longa união perpetuada pela religião, pela arte e pelo direito". Ele afirma:

> O princípio italiano que fecundou a França foi sobretudo o gênio geométrico, o princípio de ordem aplicado à sociedade civil, a cons-

42 Ibid., p.352-3.

43 Ibid., p.354-5.

44 Ibid., p.463.

tução de grandes vias de comunicação: as estradas romanas iam em todas as direções.[45]

Michelet se esforça para mostrar que, inaugurando as guerras da Itália, o rei da França, Carlos VIII, "iria buscar a civilização ultrapassando os Alpes".[46]

Em seguida, ele faz da Itália um país de cidades esplêndidas: em primeiro lugar Florença, depois Pisa, Gênova, Veneza, Milão e, por fim, Roma. Ele mostra como sua beleza e suas riquezas atraíram inúmeros conquistadores, que dela retiraram magníficos despojos – que não excluíam a liberdade.[47] Para Michelet, a grandeza de Florença foi Savonarola, e, ao mesmo tempo que faz do dominicano um genial reformador, exalta a beleza da cidade e de sua catedral, assim como a da basílica de Santa Croce, onde está enterrado Michelangelo. Para ele, o papado permanece um poder forte, de mecenato fecundo. Livre dos Bórgia, a cidade retoma seu brilho sob o papa Júlio II, que protege Maquiavel e Michelangelo. Depois da "beleza dramática da Lombardia e de Florença",[48] depois de Roma, é a glória de Nápoles que o impressiona. Em seguida, Michelet lembra alguns dos tesouros que a França deve à Itália.

Evoca Veneza e sua "liberdade da paixão, do gozo físico, do bem-estar, da liberdade a serviço da arte".[49] Depois, é o flores-

45 Ibid., p.421-2.

46 Ibid., p.424.

47 Arnaldi, *L'Italia e i suoi invasori*.

48 Michelet, *Cours au Collège de France*, p.434.

49 Ibid., p.436.

cimento artístico de Florença, o desenvolvimento da tipografia, Aldo Manúcio[50] (1449-1515) em Veneza, a gravura em todos os lugares, o estudo da anatomia e do corpo humano, a beleza do domo de São Pedro, a influência das mulheres.

Termina a descrição desse tempo moderno, desse "Renascimento", por um apelo místico à combinação de sua vida e de seu ensino. Ele sublinha a necessidade, para o historiador, de traduzir a voz unânime, pois "o tempo moderno é o acontecimento dessa multidão, é o momento verdadeiramente bendito em que esse mundo mudo encontrou uma voz", e essa constatação o leva à sua pessoa: "Tenho essa esperança em mim mesmo". A história é a ressurreição dos mortos: "Tive essa necessidade, me sentindo morrer" (1841). "Amar os mortos é minha imortalidade" (1838).[51]

Apesar do impacto de Michelet entre o público mais culto da França, durante muito tempo a invenção do Renascimento como período foi creditada ao historiador da arte Jacob Burckhardt (1818-1897). Sua obra *Die Kultur der Renaissance in Italien* (A cultura do Renascimento na Itália)[52] é publicada em alemão

50 Em latim, *Aldus Manutius*; em italiano, Aldo Manuzio: editor, tipógrafo e livreiro italiano, considerado um dos primeiros mestres do *design* tipográfico. (N. T.)

51 Ibid., p.464.

52 J. Burckhardt. La civilisation de la Renaissance en Italie. Trad. H. Schmitt, revue par R. Klein, 3v., Le Livre de Poche, Biblio essai, 1958, rééd. 1986. Obs.: Em francês, *civilisation* tem também o sentido de *cultura*. Ed. bras.: *A cultura do Renascimento na Itália*. Trad. Sergio Tellaroli. São Paulo: Companhia das Letras, 1991. (N. T.)

numa primeira edição em 1860, numa segunda em 1869 e depois, profundamente desfigurada, numa terceira edição em 1878, antes de ser ressuscitada, em 1922, pelo grande especialista em Renascimento italiano Walter Goetz.[53]

Jacob Burckhardt é um historiador de arte suíço de língua germânica que, depois de ter sido aluno em Berlim de Leopold von Ranke (1795-1886), fundador da Escola histórica alemã, ensina história da arte na Universidade de Basileia entre 1844 e 1866 (data de sua demissão). Faz breves visitas à Alemanha e principalmente à Itália. Deseja escrever uma história da arte do Renascimento na Itália, mas, curiosamente, no decorrer de sua preparação, abandona a arte pela cultura (*Kultur*). A amplitude do campo estudado faz dessa obra um modelo e uma fonte para a história cultural europeia, ultrapassando muito o seu tema. Gostaria inicialmente de apresentar uma visão geral dessa obra.

Burckhardt começa por lembrar, numa parte intitulada "O Estado considerado como obra de arte",[54] a história dos tiranos e dos grandes senhores italianos, do século XIII ao XVI. Ele se interessa particularmente por Veneza, onde nota "a lentidão do movimento do Renascimento",[55] e por Florença, que chama de

53 A história da vida, da obra e das transformações da edição de *La civilisation de la Renaissance en Italie* foi reconstituída no longo prefácio de Robert Kopp, no início da tradução em francês da ótima edição de H. Schmitt, revista e corrigida por R. Klein, p.7-35.

54 Ibid., p.41-170.

55 Ibid., p.115.

"primeiro Estado moderno do mundo".[56] Observa aí a precocidade de certos instrumentos do poder (por exemplo, a estatística), e, ao mesmo tempo, certo retardo do Renascimento artístico em relação a outras grandes cidades italianas.

Segundo Burckhardt, a política externa dos Estados italianos é dominada por uma tentativa de equilíbrio, uma "maneira objetiva de tratar a política e manifestar o talento na arte das negociações".[57] Por fim, vê no papado uma ameaça à Itália. Ele sublinha as perturbações na cidade de Roma, o nepotismo e a simonia dos papas. De fato, Clemente VII (1523-1534) também pertencia à família dos Médici, comprometida com o poder pontifical, como antes dela o fora a família Bórgia. Como o papa atacara violentamente o imperador Carlos, este enviou suas tropas para a Itália e elas pilharam Roma em 1527. Em compensação, Burckhardt exalta Leão X (1513-1521), também da família dos Médici: esse pontífice está sempre presente, ele sublinha, "a cada vez que se trata da grandeza do Renascimento".[58]

A segunda parte do livro de Burckhardt é dedicada ao desenvolvimento do indivíduo. O homem do Renascimento, carregando em si sua cultura, sente-se à vontade em qualquer parte. Burckhardt cita um humanista do Renascimento refugiado no estrangeiro, que afirma: "É agradável viver em qualquer lugar em que um homem instruído estabelece seu lar".[59] Diferentemente

56 Ibid., p.116.
57 Ibid., p.138.
58 Ibid., p.162.
59 Ibid., p.178.

da Idade Média, em que o indivíduo se encontrava limitado pela religião, pelo ambiente social, pelas práticas comunitárias, o homem do Renascimento pode, sem entraves, desenvolver sua personalidade. É o tempo dos homens universais, como, por exemplo, Leon Battista Alberti (1404-1472), arquiteto, matemático, escritor, um dos primeiros dentre os grandes a escrever em língua vulgar. Burckhardt se interessa também pela glória, que caracteriza as sociedades do Renascimento. Embora Dante houvesse formulado uma crítica vigorosa da glória, ela se torna, para Petrarca, o objetivo dos indivíduos e das famílias. Ela está em toda parte, nas tumbas das famílias mais elevadas, no culto dos grandes homens da Antiguidade, na emergência das celebridades locais. Ela invade a literatura e os escritores distribuem os louros.

A terceira parte da obra de Burckhardt é dedicada à ressurreição da humanidade: é o "renascimento" no sentido de retorno de um passado glorioso. "Não foi apenas a Antiguidade, mas sua íntima aliança com o gênio italiano que regenerou o mundo do Ocidente",[60] nota ele – mais uma vez, a Itália se encontra no âmago da periodização da história. Roma é objeto de um verdadeiro culto às ruínas antigas. Redescobrem-se e vulgarizam-se os autores antigos. Na literatura humanista, a poesia reocupa o lugar que era seu na Grécia e na Roma antigas. O humanismo desenvolve-se tanto entre os burgueses quanto nas cortes senhoriais ou na cúria romana. A literatura ritual volta a se instalar

60 Ibid., p.215.

na vida social: estilo epistolar, discurso de recepções e orações fúnebres, discursos acadêmicos e arengas políticas, sermões em latim manejam citações. O latim, que estava a ponto de se apagar da vida cotidiana em benefício das línguas vernáculas, retoma um valor absoluto no meio humanista e curial. Burckhardt fala até de "latinização geral da cultura".[61] Em que pese tudo isso, o historiador da arte conclui que houve o malogro dos humanistas no século XVI: foram julgados pretensiosos, artificiais, e os protestantes da Reforma que então se afirma duvidam da sinceridade de sua fé cristã.

Na três últimas partes de seu livro, Burckhardt volta àquilo que visivelmente constitui para ele o âmago do Renascimento. À descoberta do homem, fundamento do humanismo, ele adiciona a descoberta do mundo. É a ascensão da astronomia, da botânica e dos jardins, da zoologia, das coleções de animais exóticos. Descobrindo o mundo, o Renascimento desvela também a beleza da natureza. Petrarca é certamente o primeiro a cantar a escalada das montanhas; a escola flamenga faz da pintura a óleo o instrumento de promoção da paisagem. Quanto à beleza, ela se impõe no retrato. A Itália, com a Toscana em primeiro lugar, vê sua biografia desabrochar. Mas, ligada ao crescimento do indivíduo, também se desenvolve a autobiografia, e podemos citar a do célebre ourives Benvenuto Cellini (1500-1571).

Outra grande característica da vida social no Renascimento é a festa. E, se as festas religiosas – em particular as procissões,

---

61 Ibid., p.289-96.

o *Corpus Christi*, os mistérios (teatro religioso nos pátios das igrejas) – conservam seu prestígio e até mesmo se multiplicam, as festas senhoriais, profanas, campestres, ganham um brilho singular.[62] No campo dos trajes, é o nascimento e a exasperação da moda. O purismo e o preciosismo ocupam um lugar inédito na conversação, as grandes damas mantêm saraus, e os políticos nobres, como os Médici, seus círculos. Desenha-se um perfil do homem de sociedade consumado: seu corpo é modelado pelos exercícios físicos, a música dá ritmo à sua vida, ele não quer apenas ser, mas também parecer.

A mulher também é arrebatada nesse movimento. Ela recebe uma instrução inteiramente masculina e amiúde escreve novelas e poemas. Mesmo as cortesãs têm uma cultura intelectual. A vida em família toma um tom artístico, cujo maestro é o pai e cujo prazer também floresce na residência campestre. De fato, o campo é muito mais associado à cidade do que havia sido na Idade Média, e a pintura representa essa nova dupla cidade-campo.

A obra de Burckhardt acaba, de maneira muito curiosa, com alguns capítulos que dão uma ideia pouco sedutora do Renasci-

62 Vide o notável estudo de Ruiz: *A King Travels. Festive Traditions em Late Medieval and Early Modern Spain*, que além de tudo tem o mérito de deslocar a atenção da onipresente Itália para a Espanha, que acabava de sair do domínio muçulmano. Outros estudos interessantes sobre a festa na época do Renascimento: Jacquot, *Les Fêtes de la Renaissance*; Plaisance e Decroisette, *Fêtes urbaines em Italie à l'époque de la Renaissance: Vérone, Florence, Sienne, Naples*; Strong, *Les fêtes de la Renaissance, 1450-1650. Art et pouvoir.*

mento. A respeito da moralidade, ele vê "o instinto do mal espalhado por todo canto". A Itália não escapa a essa escuridão:

> Por fim a Itália – esse país em que o individualismo chegou, em todos os aspectos, ao seu extremo limite – produziu alguns homens absolutamente celerados, que cometem o crime pelo crime, que o veem como um modo de chegar não mais a um fim determinado, mas a fins que escapam a qualquer regra psicológica.[63]

Apesar disso, a Itália do Renascimento continua a ocupar, para Burckhardt, a frente daquilo que ele chama de uma "revolução" na história do mundo. O italiano

> [...] tornou-se o representante mais notável das grandezas e pequenezas dessa nova idade: ao lado de uma depravação profunda desenvolvem-se a mais nobre harmonia dos elementos pessoais e uma arte sublime que enobrece a vida individual, proeza da qual a Antiguidade e a Idade Média não tinham sido capazes.[64]

No campo da religião, Burckhardt deplora o insucesso da predicação reformadora de um Savonarola, o sucesso moderado da Reforma protestante, e constata o relaxamento dos fiéis, a deserção das igrejas e as incertezas quanto à fé dos humanistas.

Não obstante, no que toca à religião, as sociedades cristãs do Renascimento merecem algum louvor. O historiador da arte descobre nelas certa tolerância em relação ao islamismo e a consideração por todas as religiões, incluindo os movimentos filo-

63 Burckhardt, *La Civilisation de la Renaissance em Italie*, p.481-507.

64 Ibid., p.507.

sóficos da Antiguidade, tais como o epicurismo. Ele louva a implementação da teoria do livre-arbítrio e vê, nos homens desse tempo, teóricos e praticantes da sensatez.

Burckhardt também é sensível às superstições, em particular àquelas pseudocientíficas. Ele nota a difusão da astrologia, a crença em fantasmas, demônios e bruxas, a magia das cortesãs, observa os ritos de colocação da pedra fundamental de uma casa ou de uma igreja e o retorno ferrenho da alquimia. Entretanto, conclui sua obra tratando do enfraquecimento da fé. O ateísmo ainda não está presente, mas ao teísmo sucede a descrença. O Renascimento leva a uma laicização que tende a se generalizar.

O Renascimento atualmente

Neste início do século XXI, assim como durante o século XX, o Renascimento continua a inspirar os escritos dos historiadores que, em sua maior parte, mesmo com reservas, são laudatórios. A fim de lembrar suas interpretações e seus julgamentos, retive essencialmente as abordagens de Paul Oskar Kristeller, Eugenio Garin, Erwin Panofsky, Jean Delumeau e, em 2011, Robert C. Davis e Elizabeth Lindsmith.[65]

A obra principal de Paul Oskar Kristeller é *Studies in Renaissance Thought and Letters*, publicada em Roma em 1956. Esse considerável estudo é centrado principalmente no humanismo, mas estende sua perspectiva ao conjunto das produções literárias e artísticas disso que, na esteira de Michelet e Burckhardt, Kristeller chama de "Renascimento". A obra cobre também as relações entre Idade Média e Renascimento.

Kristeller dedica grande parte do primeiro volume a um dos grandes "humanistas" do século XV: Marsilio Ficino (1433-

65 Dentre as mais interessantes obras que deixei de lado estão: Burke, *La Renaissance em Italie: art, culture, société* e Hale, *La Civilisation de l'Europe à la Renaissance*.

1499). Ele aponta uma organização da produção artística e literária nova, ao que parece, no Renascimento: o "círculo" (*circle*), que se baseia nas relações regulares entre um mestre e seus discípulos ou amigos.

Lembremos aqui que, mesmo que a palavra raramente seja empregada na historiografia contemporânea, os grandes autores da Idade Média também reuniam em torno de si grupos de discípulos, e frequentemente de executantes, que se parecem intensamente com os círculos do Renascimento. Além disso, em matéria artística, se o trabalho em ateliê se desenvolve então com a pintura a óleo e sobre o cavalete, por outro lado o canteiro medieval reunia arquitetos, pedreiros, escultores, pintores fora de série: entretanto, esses criadores eram estreitamente vigiados pela Igreja, principal diferença em relação aos ateliês do Renascimento.

O que pode surpreender os ardentes partidários de um Renascimento independente e superior é o fato de Kristeller dedicar o primeiro capítulo de seu estudo sobre Marsilio Ficino ao pano de fundo escolástico do humanismo. Ele demonstra que o aristotelismo de Ficino é o herdeiro direto do aristotelismo medieval, que ele encontrou por ocasião de seus estudos filosóficos na Universidade de Florença – notemos de passagem, e voltaremos a isto, a que ponto as universidades representaram um lugar destacado nos laços entre Idade Média e Renascimento.

Kristeller também salienta as relações estreitas que assiduamente uniram governantes e humanistas, e a intervenção frequente destes últimos em matéria política. É verdade que ele se baseia antes de tudo na situação florentina. Os Médici, que no século XV passam do banco ao poder político, antes de voltar àquele sob uma forma principesca no século XVI, associam certos humanistas ao seu governo e posam, eles também, como dirigentes políticos e ao mesmo tempo humanistas. Kristeller estuda em particular o caso de Giovanni Corsi, nascido em Florença em uma família nobre, em 1472: a biografia de Ficino que ele redige em 1506 contém ardentes elogios aos Médici, e quando estes reconquistam o poder em Florença, em 1512, ele se encontra pessoalmente envolvido com aquele governo.

Na obra de Kristeller, a delicada questão das relações entre o humanista do Renascimento e a religião é ilustrada por aquilo que Marsilio Ficino apresenta, numa carta de 1474, como sua conversão à religião, depois de um período de depressão ligado à doença. O episódio é muito difícil de interpretar.

Fiz menção ao aristotelismo que a Idade Média teria legado ao Renascimento. Mas os humanistas italianos dos séculos XIV e XV se dizem antes de tudo platônicos. A Academia platônica que é aberta em Florença no século XV e se estabiliza no XVI tem um papel capital na difusão das ideias de Marsilio Ficino. Essa redescoberta do pensamento greco-romano antigo, que se irradiou da Itália para grande parte da Europa, é um dos elementos considerados mais característicos disso a que se chama Renascimento. Kristeller dedica um capítulo inteiro à apresentação de Lourenço de Médici – dito "o Magnífico" – como platônico. Eis o que diz:

> Um dos primeiros em que essa tendência [platônica] se mostra claramente é precisamente Lourenço de Médici, que não somente foi

o protetor, mas também condiscípulo e amigo pessoal de Ficino. É preciso então definir o elemento platônico nos escritos do Magnífico.[66]

Em seus poemas e escritos, Lourenço parece haver emprestado de Platão a definição do amor como desejo de beleza, a distinção entre o amor celeste e o amor terrestre, o esquema da tripla beleza (da alma, do corpo e da voz) e o conceito de beleza divina como fonte de toda beleza concreta. O Magnífico se interessa sobretudo pela teoria platônica da eternidade e da busca da verdadeira felicidade. Essa atenção com o corpo, principalmente, parece afastar bastante o Renascimento da Idade Média.

Dentre os aspectos do Renascimento citados por Kristeller na segunda parte desse primeiro tomo, e suscetíveis de alimentar o dossiê da confrontação entre Idade Média e Renascimento, reterei quatro temas. O primeiro, mais importante, diz respeito ao estatuto do homem na sociedade e no universo. Kristeller insiste, justificadamente, na necessidade de definir o termo "humanismo" associado aos letrados do Renascimento. Não se trata do próprio homem, em sua natureza, sua existência, seu destino, mas do fato de que os letrados do Renascimento são impregnados disso a que chamamos de "humanidades", isto é, a cultura dos grandes pensadores e escritores da Antiguidade grega e romana. Esse humanismo teria como iniciador Petrarca, no século XIV, e se difundiu em diversas profissões importantes. Os humanistas, em sua maioria, não eram simples escritores ou artistas, mas praticavam outros ofícios, como o de professor de universidade

66 Kristeller, *Studies in Renaissance Thought and Letters*, p.213.

ou de escola secundária, o de secretário de príncipe ou de cidade, de rico burguês e letrado envolvido com atividades econômicas ou políticas. Para Kristeller, o que é chamado de "humanismo do Renascimento" só tem uma influência limitada, sensível particularmente nos programas de educação, em que as obras da Antiguidade greco-romana ocupam amplo espaço.

Entretanto, certos humanistas tendiam a afirmar com segurança excessiva o poder intelectual do homem. É o caso, em meados do século XV, do florentino Giannozzo Manetti (1396-1459), que escreve um longo tratado sobre a dignidade e a excelência do homem: tratava-se de uma resposta ao papa Inocêncio III, que, bem no fim do século XII, havia destinado à condição miserável a humanidade. Contudo, não se deve generalizar tal caso, mesmo que Marsilio Ficino tenha tido sucessores, especialmente Giovanni Pico della Mirandola (1463-1494).

O segundo tema abordado por Kristeller e capaz de alimentar o dossiê da confrontação entre Idade Média e Renascimento é a influência de Santo Agostinho. Sabemos que sua obra, tão rica e passível de diversas interpretações, foi capital para o pensamento medieval em praticamente todas as épocas e dentro de todas as tendências teológicas e filosóficas. Ora, se por um lado Agostinho havia escrito um tratado *Contra os acadêmicos*, por outro tinha Platão e o platonismo em alta estima. Sob outro ponto de vista, o renascimento que, sob a influência agostiniana, havia se imposto ao pensamento medieval nos séculos XIV e XV prossegue até o final do XVI. Os humanistas, depois de se referirem aos autores antigos, empreenderam a leitura dos Pais da Igreja; quando não havia tradução, traduziram eles mesmos para o latim, diretamente do grego, os Pais da Igreja ortodoxa grega: Basílio, João Crisóstomo, Gregório de Nissa e Cirilo.

Kristeller também se detém sobre as relações entre o pensamento (e, de modo geral, a cultura) do Renascimento e a música. Incontestavelmente, a música europeia conheceu dois momentos de auge: no decorrer da Idade Média central em primeiro lugar, na França, com a escola de Notre-Dame de Paris e a invenção da polifonia; em um momento posterior, depois de um eclipse, no Renascimento, no século XV e ainda mais no XVI, vem da Itália a música que faz vibrar a cultura europeia.

Por fim, terminemos a breve exploração desse belo volume de Paul Oskar Kristeller citando a passagem em que ele descreve o que era uma festa do Renascimento, expressão dos prazeres coletivos que a Idade Média havia conhecido, mas que toma então, em particular nas cortes e lazeres principescos, uma força e um brilho excepcionais. Trata-se de um documento descoberto por Kristeller: a descrição numa carta, até então inédita, da justa (*giostra*) oferecida aos florentinos por Juliano de Médici em 1475:

> Dentre as festas públicas do Renascimento, as justas (*giostre*) ocupam um lugar notável. Elas foram inúmeras e esplêndidas, em diversas cidades italianas, especialmente em Florença. Era um hábito herdado do período feudal (e talvez seja um elemento obrigatório quando se quer explicar o florescimento tardio da atmosfera poética cavalheiresca na Itália), mas no novo entorno elas tomaram uma forma bem diferente, perdendo pouco a pouco o caráter sério e guerreiro

> para se transformar numa espécie de espetáculo esportivo no qual o interesse dos espectadores se concentra, é claro, no comportamento dos combatentes, mas principalmente na entrada solene dos contendores, ricamente paramentados e formando, com sua comitiva, um longo cortejo multicolorido, à imagem das outras cortes que foram caracterizadas pelas festas públicas dessa época.[67]

O testemunho seguinte, exemplo do historiador moderno do Renascimento, é do italiano Eugenio Garin, a partir de seus dois principais livros traduzidos em francês: *L'Humanisme italien. Philosophie et vie civile à la Renaissance* (1947) e *Moyen Âge et Renaissance*[68] (1954). Na primeira dessas obras, Garin começa curiosamente por constatar que, inversamente a Michelet, e de Burckhardt ao século XIX, a maioria dos historiadores do XX reavaliou a Idade Média e rebaixou a reputação do Renascimento. Garin, ao contrário, sente a necessidade – aliás, na esteira de Kristeller – de destruir as "grandes catedrais de ideias" e os "grandes sistemas lógicos e teológicos"[69] que dominaram a Idade Média.

Quanto ao Renascimento, promove os *studia humanitatis*: doravante o homem ocupa o primeiro lugar, a comparar com o peso esmagador de Deus sobre o pensamento e a sociedade medievais. O platonismo, em particular, torna-se modelo e fonte de inspiração, considerado como "uma filosofia de todas as aber-

67 Ibid., p.437.

68 Ed. port.: Garin, *Idade Média e Renascimento*. Lisboa: Editorial Estampa, 1989. (N. T.)

69 Garin, *L'Humanisme italien*, p.11.

turas e de todas as convergências, meditação moral de uma vida atravessada pela esperança. É também um pensamento que ajuda a se evadir do mundo e a buscar a contemplação".[70]

Assim, na tradição de Petrarca, que combinou a renovação do pensamento com a evolução do governo e da sociedade florentina, o movimento platônico florentino considera Cosme de Médici (1389-1464), chefe da nova família dominante, como um novo Platão. E o grande pensador do Renascimento florentino, Marsilio Ficino, sempre põe em primeiro plano a luz, a beleza, o amor e a alma. Com seus discípulos, ele coloca o homem em primeiro plano, o que levou a definir esse tipo de pensamento como um humanismo. Garin chega até a integrar nesse movimento o "reacionário" Savonarola, que ele vê "ocupado em criar sobre esta terra uma cidade humana digna do homem"[71] – contraste surpreendente com a imagem histórica habitual dessa quintessência da heresia medieval.

No epílogo, Eugenio Garin volta a dizer a que ponto o humanismo do Renascimento foi uma "retomada da confiança no homem e em suas possibilidades, e uma compreensão de sua atividade em todas as direções".[72] Ele também enuncia duas ideias que influenciarão fortemente a avaliação contemporânea das relações entre Idade Média e Renascimento. Por um lado, ele afirma que a Itália é o centro e o coração do Renascimento;

70 Ibid., p.20.
71 Ibid., p.167.
72 Ibid., p.323.

por outro, que o novo homem que ela forma "reúne sobre esse território todos os conflitos".[73]

Em *Idade Média e Renascimento*, abordagem do Renascimento sob seu aspecto cultural, Garin começa apontando a "crise do pensamento medieval".[74] Ele cita particularmente o esgotamento da escolástica a partir do início do século XIV. Ao mesmo tempo, procura na Idade Média traços modernos (por exemplo, na correspondência entre Abelardo e Heloísa) e o renascimento de elementos do pensamento antigo.[75]

Nessa obra, Garin insiste enfaticamente no interesse particular que o Renascimento tem pelo poder criador do homem. Esse período tenta conferir ao humanismo um sentido quase universal, englobando poesia e filologia, mas também vida moral e política, a ponto de se tornar uma nova filosofia.

Se os dois historiadores do século XX que acabo de apresentar se interessam principalmente pelas letras e pelo pensamento – pelo humanismo –, aquele que citarei agora é antes de tudo historiador da arte, um dos principais do século XX: o americano Erwin Panofsky. O título de seu livro já indica que estamos diante de uma concepção do Renascimento diferente das concepções de Paul Oskar Kristeller e Eugenio Garin: *Renaissance and Renascences in Western Art* (1960) em inglês, *La Re-*

73 Ibid., p.324.

74 Garin, *Moyen Âge et Renaissance*, p.18 e ss.

75 Ver Seznec, *La Survivance des dieux antiques. Essai sur le rôle de la tradition mythologique dans l'humanisme et dans l'art de la Renaissance.*

naissance et ses avant-courriers dans l'art d'Occident (1976) [A Renascença e seus precursores na arte do Ocidente] na tradução francesa. Ele retrata a arte como campo fundamental de pesquisa e reflexão; o Renascimento passa do singular ao plural: não houve "um" Renascimento, mas vários deles; os outros renascimentos são anteriores ao Renascimento propriamente dito, são "precursores" [*avant-courriers*].

O historiador da arte considera incialmente, para em seguida descartá-las, duas concepções difundidas no século XX que concernem mais geralmente à periodização em história, e que, portanto, atraem nossa reflexão: por um lado, aquela que propunha que os períodos históricos distintos não existiam, e Panofsky cita aqui o *Oxford Dictionary*;[76] por outro, aquela do grande historiador, seu contemporâneo, Lynn Thorndike, segundo o qual "a natureza humana tende a permanecer praticamente a mesma em todos os tempos".[77] Só podemos louvar Panofsky por ter-se recusado a levar em consideração essas duas abordagens que negam, uma parcial e outra completamente, qualquer possibilidade de fazer história.

Da mesma forma que todos os pensadores e escritores que se interessaram pela emergência do Renascimento como período, Panofsky remonta a Petrarca, que havia concebido aquele momento como uma renovação purificada das literaturas grega e romana, e estuda como essa definição restrita ampliou-se por

76 Panofsky, *La Renaissance et ses avant-courriers dans l'art d'Occident*, p.13.
77 Ibid., p.13.

volta de 1500 num "conceito de grande renovação, compreendendo quase todos os campos da atividade cultural".[78]

Erwin Panofsky cita a observação do filósofo norte-americano George Boas, segundo o qual "aquilo que chamamos de períodos corresponde simplesmente às inovações influentes que são constantemente produzidas na história".[79] Os períodos da história deveriam levar o nome de um grande personagem: teríamos assim a idade de Beethoven, como tivemos a de Péricles na Antiguidade, ou de Luís XIV na época moderna.[80]

Em seguida, Panofsky mostra as debilidades do influente pintor e historiador da arte na Florença do século XVI, Giorgio Vasari, e de sua obra *Les Vies des plus excellents peintres, sculpteurs et architects italiens* (1550) [Vidas dos mais excelentes pintores, escultores e arquitetos italianos], dedicado a Cosme de Médici. Vasari considerava que, depois de Giotto (*c.* 1266-1337), e principalmente a partir do século XIV, começara um novo período da humanidade, a que ele chamava de "Renascimento" (*Rinascita*) e cujo motor essencial era um retorno à Antiguidade clássica. Segundo Panofsky, nós e nossos contemporâneos temos uma ideia mais nuançada do período dito

78 Ibid., p.19.

79 Ibid., p.13.

80 Boas, Historical Periods, *Journal of Aesthetics and Art Criticism*, XII, 1953, p.253-4. A visão de conjunto mais completa e mais surpreendente pelo número dos sistemas de periodização proposta no decorrer dos séculos se encontra no livro de Johan Hendrik Jacob van der Pot: *De Periodisering der geschiedenis. Een overzicht der theorieën.*

"Renascimento" que a visão da elite artística, literária e política – ao menos na Itália – da época: de fato, essa elite era levada por uma onda de retorno à Antiguidade (período ideal, depois do qual isso a que se chamava cada vez mais frequentemente de "Idade Média" só podia corresponder a um enfraquecimento dos valores).

O grande historiador francês Jean Delumeau nos fornecerá o último testemunho de conjunto sobre o Renascimento, por meio de duas de suas principais obras: a primeira, escrita em 1996 em colaboração com Ronald Lightbown;[81] a segunda, redigida somente por ele em 1999.[82] Jean Delumeau insiste na dupla emergência da palavra "Renascimento". O termo e a ideia de renovação por meio do retorno à Antiguidade que ele implica são primeiramente encontrados na Itália, principalmente em Florença. Seu "lançador", se assim podemos dizer, é Petrarca, no século XIV, e o "sintetizador" é Vasari, em meados do século XVI. Contudo, como vimos, a palavra e o período que lhe são associados só se impõem no século XIX, com o Romantismo e Michelet. O termo transborda então o campo das artes, para ser aplicado aos principais aspectos do período que se estende da tenebrosa Idade Média até os tempos modernos, do qual ele é o primeiro momento.

Em seu volume *Une histoire de la Renaissance*, Jean Delumeau descreve a difusão da nova arte a partir de Florença, na Itália, e

---

81 Delumeau e Ligthbown, *La Renaissance*.

82 Delumeau, *Une histoire de la Renaissance*.

depois a partir da Itália para o resto da Europa. Ele termina sua abordagem do Renascimento na Europa com uma gloriosa exceção: o grande pintor dos Países Baixos, Bruegel, o Antigo (em torno de 1527-1569), que ignora totalmente, ao mesmo tempo, a Antiguidade e a Itália.

Delumeau aponta as evoluções e as rupturas nos campos da instrução e da educação: o papel da impressão tipográfica, a escolarização crescente, o declínio das universidades e a importância dos cursos, mulheres eruditas e autores cada vez mais numerosos, o aparecimento de uma nova organização na pintura, o ateliê – sobretudo ligado à pintura a óleo –, e do trabalho sobre o cavalete, inventado nos Países Baixos no século XV, além das sociedades científicas que retomam sob uma forma inédita o termo grego antigo "academias". Dentre os progressos técnicos que atribui ao Renascimento, ele se detém principalmente no relógio mecânico e na artilharia, embora eu, por minha vez, considere-os invenções medievais. Em seguida, Jean Delumeau caracteriza o Renascimento por seu dinamismo econômico. Esse julgamento parece-me exagerado, mas notarei – e voltarei a isso – dois fenômenos novos e importantes: o abastecimento de metais preciosos (ouro e prata) vindos da América, descoberta entre o final do século XV e o início do XVI; os aperfeiçoamentos da navegação marítima, a partir de Cristóvão Colombo, e as caravelas do final da Idade Média.

A seguir, o historiador dedica um capítulo à vida cotidiana dominada pelas festas. De fato, difunde-se uma nova atmosfera, ligada ao desenvolvimento do luxo e das festividades nas cortes principescas e, por vezes, até mesmo na alta burguesia.[83] Por fim, e isso parece coroar o fenômeno, Delumeau trata da modernidade no campo religioso, sob o título: "As grandes transformações religiosas". Certamente ele pensa antes de tudo na Reforma e no nascimento de um ramo separado do cristianismo, o protestantismo, com suas duas formas principais, o luteranismo e o calvinismo. Evidentemente, é uma evolução maior para os homens e mulheres dessas épocas em que o ateísmo continua a ser raro.

Na "Visão geral [*Regard d'ensemble*] sobre o Renascimento" que Jean Delumeau apresenta ao final de sua obra, ele aponta "os limites do Renascimento", mas o define como "um grande passo à frente". Justifica esse grande passo pelo desenvolvimento das obras artísticas e literárias que teriam "atingido os ápices". Mas, para ele, o que faz do Renascimento um período completo são "duas grandes novidades que mudaram o curso da história": a descoberta da América e a realização de uma circum-navegação mundial; e a ruptura da cristandade latina entre protestantismo e catolicismo.

Preciso agora dedicar-me a dois ensaios de demonstração. Por um lado, por mais importante que tenha sido, por mais que deva merecer uma individualização na duração histórica, o Renascimento não representa, para mim, um período particular: ele constitui o último renascimento de uma longa Idade Média. Por

83 Estudadas no meio real e principesco por Ruiz: *A King Travels, Festive Traditions in Late Medieval and Early Modern Spain*, 2012.

outro lado, já que, devido à mundialização das culturas e à descentralização do Ocidente, o princípio da periodização na história é novamente questionado, gostaria de mostrar que ele é um instrumento necessário ao historiador. Todavia, a periodização deve ser empregada com mais flexibilidade do que tem sido desde que começamos a "periodizar a história".

A IDADE MÉDIA SE TORNA "OS TEMPOS OBSCUROS"

A hostilidade, ou até mesmo o desprezo, sentido e frequentemente expresso em relação à Idade Média pela elite cultural da época dita do Renascimento, a partir do século XIV, com mais frequência durante o XV e sobretudo o XVI, foi retransmitida e agravada posteriormente, em particular pelos eruditos ditos das Luzes no século XVIII. Eles chegaram até a qualificar a Idade Média como época das trevas, *Dark Ages*, em inglês. Essa condenação da Idade Média é fundamentada antes de tudo na necessidade, para os homens do Renascimento, de voltar à Antiguidade clássica e a seus grandes mestres (Aristóteles e Platão na Grécia, Cícero e Sêneca em Roma), que o pensamento medieval teria ignorado e contra os quais se teria afirmado.

Não obstante, se a cultura greco-romana realmente coloca um problema do ponto de vista religioso ao pensamento medieval – os Antigos são "pagãos" –, não somente este não ignora sua existência e seu valor, mas frequentemente a utiliza e lhe dá continuidade. Essa posição dupla ou ambígua é natural, e os clérigos medievais fazem de Santo Agostinho, letrado romano convertido ao cristianismo, seu grande mestre. É do sistema antigo das artes liberais que o pensamento racional, científico e pedagógico da Idade Média é tributário. Este funciona plenamente até o século XIII e em seguida pouco a pouco empalidece no ensino universitário.

Uma corrente de intelectuais importantes transmitiu essa base das "artes liberais" da Antiguidade à Idade Média. Varron (116-27 antes de nossa era), nomeado por César para organizar as primeiras bibliotecas públicas de Roma, está na origem dessa tradição: ele distinguia as artes liberais das artes mecânicas, manuais. Ora, na Idade Média, nos meios religiosos e intelectuais, essa distinção alimentará as discussões em torno da noção e da prática do trabalho. As artes liberais são reavivadas no final da Antiguidade por Marciano Capella (século V), em seu poema *De nuptiis Philologiae et Mercurii* [O casamento de Mercúrio e a Filologia]: esse texto é essencial para a Idade Média. Transmitidas pelos dois grandes pensadores, Cassiodoro (século VI) e Alcuíno (fim do século VIII e início do IX), este último próximo de Carlos Magno, as sete artes liberais são divididas em dois ramos, o *Trivium*, que estuda as palavras, como a gramática, a retórica, a dialética, e o *Quadrivium*, que compreende a aritmética, a geometria, a música, a astronomia.

É também em consonância com a antiguidade romana que a Idade Média efetua um progresso linguístico maior: a extensão do latim como língua dos clérigos e da elite laica em todas as regiões que se tornaram cristãs. Certamente este evoluiu em relação ao latim clássico, mas funda a unidade linguística da Europa, que prossegue mesmo além dos séculos XII e XIII, época em que, nas camadas mais inferiores da sociedade e na vida cotidiana, as línguas vernáculas (tais como o francês) substituem esse latim obsoleto.

A leitura e a escrita são mais disseminadas na Idade Média que na Antiguidade. A escolarização se desenvolve, até mesmo entre as meninas; o pergaminho, mais manejável que o papiro, e sobretudo o *codex* [códice], formado por cadernos verticais e que em torno dos séculos IV e V substitui os livros escritos em rolos (*volumen*), favorecem a difusão da leitura. Em matéria de escrita, se os *scriptores* da Idade Média não conseguem unificar as formas de escrever, esta será uma das façanhas do Renascimento, que impõe a escritura humanística, bem cedo chamada de romana, e que entrará em voga por meio de Petrarca. Outra realização do Renascimento em relação à Idade Média é a redescoberta do grego antigo, na cristandade latina, favorecido pelo exílio dos letrados bizantinos no Ocidente após a tomada de Constantinopla pelos turcos em 1453.

Entre o século XV e o final do XVIII, houve entre os pensadores o sentimento de que o mergulho nas trevas que o período medieval representava para eles era acompanhado de um forte recuo do pensamento racional, que cedia lugar ao miraculoso, ao sobrenatural, ao apaixonado. Ora, a maioria dos clérigos da Idade Média, assim como o sistema de educação em vigor nas universidades e nas escolas, referiam-se quase constantemente à razão, e mais precisamente à *ratio*, sob seus dois sentidos: o de pensamento organizado e o de cálculo. Na Idade Média, a racionalidade caracteriza a natureza humana em relação à humanidade. A supremacia da razão é encontrada em Augusto e em Boécio. No século XIII, grandes escolásticos, como Alberto, o Grande, ou Tomás de Aquino, retomam no *Livro de definições*, de Isaac Israeli (séculos IX-X), a ideia de que "a razão nasce na sombra da inteligência".[84] Em teologia, razão se opõe à autoridade – e é verdade que a conceptualização muito formalista da razão na Idade Média colocou obstáculos ao desenvolvimento da razão científica, obstáculos que o Renascimento fará desaparecer.

O padre Marie-Dominique Chenu mostrou como a racionalidade introduziu-se cada vez mais na teologia, a ponto de transformá-la em ciência no século XIII.[85] Quanto à escolástica, observamos na obra de Nicolas Weill-Parot,[86] por exemplo, a demonstração da "profunda racionalidade do pensamento científico escolástico da Idade Média".

Consideremos agora o campo geográfico. Foi na Itália, dissemos, que começou o movimento que por fim se chamará de Renascimento – um estudo detalhado evidenciaria o papel de cada cidade, principalmente Gênova, Florença, Pisa, Veneza. Apesar disso, a Itália é, se assim podemos dizer, um gerador de conflitos da periodização histórica.

---

84 "Razão", In: Gauvard, Libera e Zink (orgs.), *Dictionnaire du Moyen Âge*, p.1172.

85 Chenu, *La Théologie au XIIe siècle* e *La Théologie comme science au XIIIe siècle*. O livro moderno mais relevante sobre a importância e os diversos aspectos da razão na Idade Média, especialmente no século XIII, é o de Alexander Murray: *Reason and Society in the Middle Ages*.

86 Weill-Parot, *Points aveugles de la nature. La rationalité scientifique médiévale face à l'occulte, l'attraction magnétique et l'horreur du vide (XIIIe-milieu du XVe siècle)*.

Na Antiguidade, a região se distingue pelo poder dos etruscos e sobretudo pelo do Império Romano. Na Idade Média, politicamente muito dividida, tendo sofrido o contragolpe do exílio do papa em Avignon no século XIV, ela compensa suas fraquezas com um florescimento artístico excepcional, principalmente em Florença e em Veneza. Girolamo Arnaldi mostrou que, a partir da alta Idade Média, sempre dominada – inteira ou parcialmente – pelos estrangeiros, a Itália permaneceu como uma luz para a Europa e, em primeiro lugar, para seus próprios invasores.[87]

Da mesma forma, se nos séculos XV e XVI é a Itália que se encontra em primeiro plano no impulso artístico e cultural do Renascimento, a Alemanha, sobretudo a do Sul, não tarda a seguir seu exemplo de um modo original.[88]

O trabalho de periodização obriga o historiador a levar em conta o pensamento dominante, num espaço tão amplo quanto possível, dos homens e mulheres que viveram na época considerada. A Idade Média começou em uma nota pessimista. A periodização que a Igreja fez prevalecer é a de Agostinho e das seis idades do mundo, sendo a sexta, a última, aquela a partir da qual viveriam os humanos, esperando Juízo Final e depois a eternidade. Mas a fórmula retida foi *mundus senescit*, "o mundo envelhece", e daí resultava, como testemunham as crônicas e os ser-

87 Arnaldi, *L'Italia e i suoi invasori*.

88 Allemagne, 1500. L'autre Renaissance, *L'Histoire*, n.387, maio 2013, p.38-65.

mões, a ideia de que o mundo se decompunha e caminhava não para sua salvação, mas para sua desgraça.

No entanto, em alguns monastérios rapidamente surgiram clérigos que se insurgiram contra essa ideia. Eles afirmavam que seus contemporâneos deveriam se reconhecer como modernos, *moderni*, em relação aos antigos e, sem estabelecer uma superioridade absoluta da Idade Média, tenderam a realçar as qualidades e as perspectivas do mundo em que viviam. A Idade Média acaba por se tornar, para muitos, um tempo da modernidade – esse termo representava uma aposta essencial nos confrontos entre passado, presente e futuro.

O historiador da filosofia medieval Étienne Gilson intitulou um de seus artigos de "A Idade Média como *sæculum modernum*".[89] Decerto considerando que as pessoas que viviam na Idade Média ignoravam que sua época seria chamada assim, ele se pergunta como eles a viam no longo prazo, no tempo da história para os cronistas, da memória para a grande maioria dos homens e mulheres. Ora, estes pensavam que, até Carlos Magno, o tempo dos Antigos havia progredido; na sequência, inventaram a ideia de uma transferência do saber da Grécia e da Roma antiga para o oeste, mais particularmente para a Gália: é o *translatio studii*. O século XI marca um desapego em relação à Antiguidade, e os dialéticos substituem a gramática pela lógica na posição de arte maior, modesto prelúdio ao triunfo da ciên-

89 Gilson, Le Moyen Âge comme *sæculum modernum*. In: Branca (org.), *Concetto, storia, miti e immagini del Medio Evo*, p.1-10.

cia sobre as letras. No final do século XI, com Anselmo de Canterbury, a *eloquentia* dá lugar à *dialectica* como ideal dos saberes; começa-se a usar a lógica de Aristóteles, e a escolástica se diz "moderna".

De fato, indica Gilson, o conceito de modernidade podia ser usado por certos espíritos conservadores com sentido pejorativo. Assim, em sua biografia escrita no início do século XII, Guiberto de Nogent denuncia a corrupção que o século moderno traz para os pensamentos e os costumes. Entretanto, o ponto de virada na direção de uma modernidade inédita afirma-se com o *Policraticus*, de João de Salisbury (1159):

> Eis que tudo se tornava novo, renovava-se a gramática, a dialética era modificada, a retórica era desprezada; quanto ao *Quadrivium*, abandonavam-se as regras dantes seguidas, e adotavam-se novas ideias tiradas das próprias profundezas da filosofia.[90]

No século XIV, uma veemente predicação sobre a necessidade de reformas da Igreja é desencadeada pelo clérigo flamengo Gérard Grote (1340-1384): trata-se de aproximar a espiritualidade cristã da imitação de Cristo. Esse movimento – do qual inúmeras tendências serão retomadas no século XVI pelo fundador dos jesuítas, Inácio de Loyola – tem por nome a *devotio moderna*. Tanto que, quando os iniciadores do movimento e do período que será chamado de "Renascimento" emergem, começam por flagelar a modernidade da "Idade Média". Por exemplo,

---

90 Ibid., p.5.

Filarete, arquiteto florentino do século XV, em seu *Tratado de Arquitetura* (1460-1464), afirma: "Exorto, portanto, todo mundo a renunciar ao uso moderno e a não seguir os conselhos dos mestres que praticam esse sistema grosseiro".[91]

De fato, os historiadores consideraram que o produto principal da *devotio moderna*, *L'Imitation de Jésus-Christ* [*A imitação de Jesus Cristo*], atribuída a certo Thomas de Kempis (1379 ou 1380-1471), é a obra-prima do pré-Renascimento religioso. *A imitação* confere um lugar maior à leitura da Bíblia, ao cuidado com a reforma da Igreja e a uma espiritualidade individual que una ação e contemplação, o que Inácio de Loyola chamará de *discretio*.

Vemos que é muito delicado recorrer à noção de "moderno", que pode ter um sentido tanto laudatório quanto pejorativo. Ela só pode servir de critério para observar a mudança ou aquilo a que mais tarde se chamará de progresso. É no século XII que os renovadores do pensamento filosófico e teológico difundem a fórmula do grande mestre Bernard de Chartres (em torno de 1130-1160):

> Somos anões sobre as costas de gigantes. Assim, vemos mais que eles, não porque nossa vista seja mais aguçada ou sejamos mais altos, mas porque eles nos carregam no ar e nos elevam com toda sua altura gigantesca.[92]

---

91 Ibid., p.9.

92 Citado por John de Salisbury, *Metalogicon*, III, 4, *Patrologia Latina* CXCIC, p.167.

Contra as obscuridades da escolástica, os letrados do Renascimento promovem o sistema intelectual e cultural dos *studia humanitatis*, do qual fizemos o humanismo. Mas essa organização do pensamento em torno do homem é antiga: ela marcou tanto o que se chamará de Idade Média quanto o que se nomeará como Renascimento.

Pudemos falar com particular pertinência do humanismo chartriano. Permito-me citar um de meus escritos, baseando-me no pensamento fecundo do padre Marie-Dominique Chenu, para quem esse humanismo domina a teologia do século XII: "O homem é o objeto e o centro da Criação. É o sentido da controvérsia *Cur Deus homo?*, 'Por que Deus se fez homem?'".[93]

Para opor-se à tese tradicional retomada por São Gregório – segundo a qual o homem é um acidente da Criação, um *ersatz* [substituto], um tapa-buraco, criado fortuitamente por Deus para substituir os anjos decaídos após uma revolta –, Bernard de Chartres, desenvolvendo a visão de Santo Anselmo, defende a ideia de que o homem sempre esteve previsto no plano do Criador, e que foi ele a causa da criação do mundo. Um dos maiores teólogos do século XII, Honório de Autun, formado na escola de Santo Anselmo em Canterbury, na Inglaterra, também in-

93 Le Goff, *Les Intellectuels au Moyen Âge*, p.57. [*Cur Deus Homo?* é o título de um tratado de Santo Anselmo de Canterbury escrito no século XI. Nessa obra ele explica, sob a forma de diálogo entre um mestre e seu discípulo, a doutrina cristã da Salvação, a aliança entre Deus e o homem que foi rompida pelo pecado original, mas que será restaurada pela vinda de Jesus sobre a terra, justamente porque ele é Deus *e* homem. (N. T.)]

sistiu no fato de que "esse mundo foi feito para o homem".[94] O homem é, em primeiro lugar, um ser racional: trata-se de um racionalismo humanista, mas definitivamente o homem absorve o mundo para se tornar um resumo ativo e significativo. É a imagem do homem microcosmo que pode ser encontrada a partir de Bernard Silvestre (século XII) até Alain de Lille (1128-1203) e em inúmeras miniaturas, como o célebre manuscrito de Lucques, do *Liber divinorum operum* [Livro das obras divinas], de Santa Hildegarda de Bingen.

O que mais caracteriza o renascimento intelectual do século XII é indubitavelmente a escola dos Vitorinos, constituída por um grupo de teólogos, entre os quais Hugo de São Vítor, e situada nos limites da aglomeração parisiense (atualmente existe uma rua Saint-Victor). São Vítor, morto em 1141, compõe, entre outros, um manual de leitura filosófica e teológica, o *Didascalicon de studio legendi* [didascália sobre o estudo da leitura], um tratado sobre os sacramentos, *De sacramentis christianae fidei* [sacramentos da fé cristã], uma das primeiras sumas teológicas da Idade Média, e enfim um comentário do Pseudo-Dionísio que será integrado no ensino da Universidade de Paris no século XIII, tornando-se dessa forma uma das ferramentas de prolongamento do renascimento do século XII. Renovador das artes liberais, voltado à contemplação e, de modo geral, ao pensamento antigo, São Vítor merece ser chamado de "o novo Agostinho".

---

94 Ibid., p.59.

Notemos que, se por um lado o século XVII, sem adicionar críticas nem desprezo, conserva discretamente como "zona cinzenta" a ideia do renascimento da Idade Média, nem por isso deixa de salvar alguns personagens, que escapam de seu entorno temporal, para permitir a celebração de certo estado, de certa família, de certo lugar etc. É o caso da França de São Luís. Patrono da família real, patrono dos reis Luís XIII e principalmente de Luís XIV, ele transporta essa glória para as regiões de além-mar onde há franceses, quer se trate de Saint-Louis no Senegal (primeiro estabelecimento francês da região em torno de 1638, na época de Luís XIII e principalmente de Luís XIV), ou de Saint-Louis na América do Norte, fundada na confluência do Missouri e do Mississippi (em 1764). A Ordem Real e Militar de Saint-Louis foi criada por Luís XIV em 1693, suprimida pela Revolução em 1792, restabelecida pelos Bourbon em 1814 e extinta definitivamente com Carlos X em 1830. Quanto à ilha de Saint-Louis em Paris, foi assim chamada em 1627, advinda da reunião de duas ilhotas no rio Sena.

A filosofia dita escolástica (pois era frequentemente ensinada nas escolas, isto é, nas universidades) é o objeto principal da crítica e até mesmo da rejeição da Idade Média pelos letrados, em particular pelos filósofos do século XVI e mais ainda do XVIII. Surgido como adjetivo no século XIII, o termo "escolástica" designa, a partir do século XVI, esse tipo de pensamento fortemente impregnado de teologia. Voltaire chega a escrever: "A teologia escolástica, filha bastarda da filosofia de Aristóteles, mal traduzida e desconhecida, que fez à razão e aos bons estudos mal maior do que os hunos e vândalos haviam feito".[95]

Embora tenha havido uma espécie de reabilitação da Idade Média e de seu pensamento no século XIX, ainda encontramos em Ernest Renan, na *Vie de Jésus* (1863), o seguinte julgamento: "É próprio dessas culturas escolásticas fechar o espírito a tudo o que é delicado".[96] Ainda que expresso com mais nuanças, o julgamento sobre a Idade Média permanece: os homens e as mulheres dessa época são bárbaros.

Como sabemos, a Idade Média é uma época profundamente religiosa, marcada pelo poderio da Igreja, pela força de uma devoção quase geral. De fato o século XVI traz a ruptura da Reforma e conhece ferozes guerras motivadas pela religião. A fé cristã apresenta-se doravante sob ao menos duas formas, a católica tradicional e a reformada nova, que também é chamada de protestante e que compreende diversas orientações: anglicanismo na Grã-Bretanha, luteranismo e calvinismo no continente, sendo que o primeiro se espalha preferencialmente nas regiões germânicas e nórdicas, e o segundo nas de língua romana. Mas trata-se sempre do cristianismo. É somente no século XVII que emerge um grupo de letrados não crentes, os libertinos. Um nome célebre é o de Gassendi (1592-1655), filósofo e professor de mate-

95 Esse excerto do *Essai sur les mœurs* é citado no artigo "Scolastique", In: Rey (org.), *Dictionnaire culturel em langue française*, t. IV, p.632, que adiciona: "Esse julgamento da época clássica é totalmente rejeitado em nossos dias".

96 Ibid.

mática no Collège de France. Os libertinos estão presentes em Molière, por exemplo no *Tartufo* e no *Don Juan*, mas a Academia francesa só inscreve o termo na quarta edição de seu Dicionário, em 1762.

Se há um campo em que a novidade do "Renascimento" parece inegável, é o da arte. Apesar disso, a evolução certamente mais importante é o nascimento disso que podemos chamar de beleza moderna. Ora, é na Idade Média que ela intervém. Essa mutação foi notavelmente estudada por Umberto Eco, em sua obra *Arte e beleza na estética medieval*. Como ele aponta, uma das acusações dirigidas contra a Idade Média pelos homens do Renascimento era a de que essa época não havia conhecido uma "sensibilidade estética".[97] Combatendo vigorosamente a ideia de que a escolástica teria sufocado o sentido da beleza, Umberto Eco mostra, de modo convincente, que a filosofia e a teologia medievais são repletas de questões estéticas. Ele não considera as obras em particular, porém mais geralmente o cuidado estético. E o leitor que houver meditado ou refletido a partir de outras obras dedicadas à arte medieval, por exemplo, as de Henri Focillon, *L'Art des sculpteurs romans* [A arte dos escultores românicos] (1931) e sobretudo *Art d'Occident* [Arte do Ocidente] (1938), ficará convencido, ao contemplar uma igreja românica ou uma catedral gótica, que essa época não só produziu obras-

97 Eco, *Arte e bellezza nell'estetica medievale*, reed. no volume *Scritti sul pensiero medievale*; *Art et beauté dans l'esthétique médiévale*, p.26.

-primas artísticas, mas estava comovida pelo sentimento do belo e pelo desejo de expressá-lo, de criá-lo e de oferecê-lo a Deus e à humanidade.

A Idade Média produziu obras-primas em abundância, principalmente num campo que infelizmente é pouco visível para a maioria das pessoas: a iluminura.

Ela também criou o artista, que não é mais simplesmente um artesão perito em trabalhos manuais, mas um homem inspirado pela vontade de produzir o belo, que a isso dedica a vida, que faz disso muito mais que uma profissão, um destino, e que adquire na sociedade medieval um prestígio do qual arquitetos, pintores, escultores – que, aliás, frequentemente eram anônimos – não desfrutavam. Além disso, aqueles que obtinham sucesso, aqueles que se impunham, podiam viver amplamente de suas obras e aceder a essa categoria que – com o uso cada vez mais difundido, nos séculos XIII e XIV, da moeda – emerge no pico da sociedade: os ricos.

O primeiro personagem a ser reconhecido pelos seus próprios contemporâneos sob o título de artista é Giotto. Ele vive na cidade que, entre o final do século XIII e o início do XIV, indubitavelmente é a mais próspera e a mais bela dessa Itália pioneira: Florença. Se ele se afirma em seus afrescos franciscanos de Assis e nos da igreja de Santa Croce em Florença, sua imagem de artista se impõe com certeza com a decoração da capela dos Scrovegni, em Pádua.

Na Idade Média não constatamos mudanças maiores no campo da arquitetura religiosa, salvo a passagem da arte românica àquilo que Alain Erlande-Brandenburg chamou de "revolução gótica do século XII".[98] Contudo, as crises financeiras, as consequências econômicas da peste e as guerras acabam por secar as fontes de financiamento das catedrais, deixando algumas delas inacabadas – principalmente em Siena.

No campo da arquitetura laica, em contraste, assiste-se a uma transformação profunda: tal trasformação concerne ao castelo. De fato, até o século XIV, o castelo-forte senhorial é, antes de tudo, um lugar de refúgio e de defesa. Não obstante, diante do canhão, usado cada vez mais amiúde nos combates, o castelo só oferece uma resistência bem frágil e, de posição militar, transforma-se em residência de lazer. As escadarias, a decoração, os lugares de passeios etc. recebem cuidados excepcionais.

No que diz respeito à pintura, se o aparecimento da pintura a óleo e sobre cavalete em Flandres, em meados do século XV, não pode ser atribuído com precisão mais à Idade Média que ao Renascimento, uma invenção capital é incontestavelmente medieval: a do retrato realizado com intenção da verossimilhança, frequentemente com a pose do modelo. É dessa forma que afluem até nós as imagens precisas de homens e mulheres do passado, e com isso um progresso decisivo ocorre na valorização do indivíduo. É claro que se trata apenas do rosto, mas este é uma parte do corpo, que desde então conquista a memória histórica.

Um grande historiador da arte do Renascimento, Gerhart B. Ladner, defende que uma das principais características da arte

98 Erlande-Brandenburg, *La révolution gothique au XIIe siècle.*

dessa época, que a distinguia e a opunha à Idade Média, residia no estatuto generoso concedido à vegetação.[99] Esta tinha sobretudo um sentido simbólico, mas, na visão de Ladner, sua abundância ilustrava, sozinha, o conceito de Renascimento, que dessa forma se tornava uma espécie de primavera do mundo, após o inverno da Idade Média.

A Idade Média também é cheia de flores, de folhas, de árvores. Quase todos têm então a sensação de ter nascido com Adão e Eva no jardim do Éden e, de certa forma, de não tê-lo deixado. É claro que o pecado original retirou do homem o desfrute feliz dessa vegetação, mas também lhe deu o trabalho, que lhe permite dele retirar ao mesmo tempo sua alimentação e uma beleza que lhe faculta entrever o paraíso.

Em seu livro *Le Monde roman. Par delà le bien et le mal* [O mundo românico. Para além do bem e do mal], Jérôme Baschet, Jean-Claude Bonne e Pierre-Olivier Dittmar dedicam um capítulo inteiro à "vegetalidade".[100] Ainda aqui se trata de um mundo simbólico, em que o vegetal contribui para a transmutação da igreja num lugar espiritual. Mas há também uma vegetação simplesmente terrestre. Nesse campo, como em muitos outros, o Renascimento prolonga a Idade Média, abrindo à humanidade o jardim fechado, símbolo da virgindade de Maria:

---

99 Ladner, Vegetation Symbolism and the Concept of Renaissance. In: Meiss (ed.), *Essays in Honor of Erwin Panofsky*, p.303 e ss.

100 Baschet, Bonne e Dittmar, *Le monde roman. Par delà le bien et le mal.*

Tu és um jardim cerrado,
minha irmã, minha amada,
um olho d'água fechado,
uma fonte vedada.
Teus jorros formam um jardim em que há as romãzeiras
com os melhores frutos,
e os ligustros com o nardo.[101]

A maior obra-prima literária da Idade Média, *A divina comédia*, de Dante, germina e floresce assim que Beatriz passa do purgatório ao paraíso. E um dos romances de maior sucesso no século XIII, *Le Roman de la rose* [O romance da rosa], definido por uma flor, desenvolve-se num florescimento simbólico da vegetação.

Consideremos agora a música. O sociólogo Norbert Elias dedicou um ensaio notável à figura e à carreira de Mozart (1756-1791), *Mozart sociologie d'um génie* [*Mozart – Sociologia de um gênio*].[102] Ele mostra que o compositor realiza a transição, nos anos 1781-1782, da arte artesanal à arte independente, libertando-se do peso de seu pai e das relações incômodas com seus primeiros patrocinadores, o bispo de Salisburgo e o imperador da Áustria. Por meio de Mozart, vemos o indivíduo que se afirma brilhantemente. O tipo de evento essencial que marca a transição entre uma longa Idade Média e os tempos modernos.

Entre a Idade Média e o Renascimento desenvolve-se uma prática que provoca tumultos e perturbações na Igreja e na so-

101 Ct, IV, 12-3.

102 Elias, *Mozart sociologie d'um génie*.

ciedade cristã: a bruxaria. Antes de qualquer coisa, aqui vão duas informações: em primeiro lugar, Michelet situa a difusão da bruxaria no século XIV, mas baseando-se numa obra mal datada – ela começa, de fato, no século XV; em segundo, a bruxaria é um fenômeno essencialmente feminino: desde então, ela influencia o ponto de vista da sociedade sobre a mulher, a tal ponto que esta não é, no Renascimento, como desejaria a tradição, o objeto de respeito e de admiração, mas um ser ambíguo, situado entre Deus e o Diabo.

A palavra "bruxa", ao que tudo indica, surgiu a partir do momento em que Tomás de Aquino (em sua *Suma teológica*, na segunda metade do século XIII) a define como sendo uma humana que fez um pacto com o Diabo. Dessa forma, a bruxa se torna uma personagem diabólica, e é então que se fixa sua iconografia mítica: uma mulher que viaja pelos ares montada em uma vassoura ou um bastão. A bruxa é, portanto, muito mais uma personagem do pretenso "Renascimento", e mesmo do século clássico, que da Idade Média.

Se a Idade Média desempenhou um papel nesse campo, foi relativo à inquietude da sociedade diante da bruxaria, em particular quando, em torno de 1260, o papa Alexandre IV confia aos inquisidores o cuidado de perseguir e eventualmente queimar não somente os hereges, mas também as bruxas. É dentro desse novo estado de espírito e dessa nova atitude da Igreja que Tomás de Aquino adiciona a ideia de pacto com o Diabo. O século XV completará essa imagem inquietante devido ao sabá celeste. O episódio repressivo mais célebre, ocorrido em 1632, é aquele consecutivo às perturbações das freiras ursulinas de Loudun, com a condenação do pároco Urbain Grandier (1590-1634) à fogueira.

É principalmente num momento em que o Renascimento já está bem sedimentado, segundo seus partidários, que dois dominicanos alemães, Henry Institoris e Jacques Sprenger, publicam, em 1486, o famoso *Martelo das bruxas* (*Malleus maleficarum*), manual de repressão violenta. Jean-Patrice Boudet, notando que no século XV as bruxas frequentemente são chamadas de "*vaudois*",[103] ou valdenses (uma epidemia de *vauderie* aconteceu em Arras, em 1459-1460), considera que a influência dessa obra é favorecida pelas discussões dos concílios de Constança (1414-1418) e de Basileia (1431-1449). O autor também indica que a monarquia francesa promove então o uso do crime de lesa-majestade e o aplica à bruxaria. O fenômeno da bruxaria seria, portanto, ligado a certa periodização política: voltarei a isso.

Citarei por fim o livro dos historiadores britânicos Robert C. Davis e Elizabeth Lindsmith, *Hommes et femmes de la Renaissance. Les inventeurs du monde moderne* [Homens e mulheres do Renascimento. Os inventores do mundo moderno]. Começam por afirmar brutalmente a oposição entre Idade Média e Renascimento, e o caráter novo deste último:

---

103 Termo derivado da predicação de Pierre Valdo ou Valdès, que deu origem a uma espécie de ordem conhecida como os Pobres de Lyon, excomungada pela Igreja no Concílio de Verona e tida como herética pelo Concílio de Latrão, em 1215. (N. T.)

> Cinco séculos depois de haver iluminado a paisagem cultural da Europa, o Renascimento continua a aparecer como a primavera da modernidade, o momento em que os medos e as loucuras da Idade Média cederam lugar à esperança.[104]

Os autores sublinham que o movimento se inicia na Itália para se difundir, aproximadamente a partir de 1500, por toda a Europa – encontramos aqui a importância da Itália como campo geográfico e cultural particular na história da periodização.

Contudo, parecendo refutar sua afirmação inicial, prosseguem: "Na verdade, assim como os homens que foram seus atores, esse período também teve um lado obscuro".[105] Eles fazem menção à publicação do *Martelo das bruxas*, em 1486, e acrescentam: "Os pogroms, a Inquisição e os movimentos religiosos milenaristas terão mais sucesso durante o Renascimento do que já haviam tido na Idade Média".[106]

É possível observar: há coexistência e por vezes afrontamentos entre uma longa Idade Média, que transborda para o século XVI, e um Renascimento precoce, que se afirma a partir do início do século XV. Posteriormente voltarei à questão dos períodos de transição, dos pontos de viragem. Mas falemos desde já de uma época em que Idade Média e Renascimento parecem combinar e recobrir-se: o século XV.

---

104 Davis e Lindsmith, *Hommes et femmes de la Renaissance. Les inventeurs du monde moderne*, p.9.

105 Ibid.

106 Ibid.

Em sua introdução à *Histoire du monde au XVe siècle* [História do mundo no século XV], Patrick Boucheron mostra que não há então um mundo unificado, mas "circuitos do mundo". E a obra apresenta o que ele chama de "territórios do mundo". Deixaremos de lado os campos marginais de nosso universo europeu, o Mediterrâneo e a Península Ibérica. Restam então dois conjuntos, tratados em dois capítulos: "Um império das coroas: realezas eletivas e uniões pessoais no coração da Europa", por Pierre Monnet, e principalmente "França, Inglaterra, Países Baixos: o Estado moderno", por Jean-Philippe Genet.[107]

Jean-Philippe Genet nota, no espaço que estuda, uma novidade decisiva: a evolução linguística. No século XV, o latim está reduzido ao uso da língua erudita e é substituído pelas línguas nacionais. De fato, o que Jean-Philippe vê se afirmar então nesse espaço europeu são a nação e o Estado, sendo que este se impõe sobretudo por meio de um sistema de tributação.

Nesse quadro, uma conclusão emana no que diz respeito à periodização da história. As rupturas são raras. O modelo habitual é a mais ou menos longa, a mais ou menos profunda mutação, é o ponto de virada, é o renascimento interior.

---

107 Boucheron (org.), *Histoire du monde au XVe siècle.*

Uma longa Idade Média

Agora é preciso mostrar que, nos campos econômico, político, social e cultural, não há, no século XVI, e de fato até meados do século XVIII, mudanças fundamentais que justificassem a separação entre Idade Média e um período novo, diferente, que seria o Renascimento.

No final do século XV, tem lugar um acontecimento de enorme importância para a Europa: a descoberta, por Cristóvão Colombo, daquilo que ele pensa serem as Índias Orientais, mas que de fato é um novo continente que rapidamente será chamado de "América". Essa ampliação da circum-navegação no mundo é completada e ampliada no início do século XVI pela viagem em volta da Terra, de Fernão de Magalhães. Contudo, é somente a partir de meados do século XVIII que as principais repercussões dessas descobertas se fazem sentir na Europa. A América só se torna de fato uma interlocutora para o Velho Continente a partir da fundação dos Estados Unidos, em 1778, e, em relação à América do Sul, da liberação levada a cabo por Bolívar, a partir de 1810, de grande parte dos Estados coloniais espanhóis.

Talvez mais importante que a colonização europeia, que só se desenvolveu realmente depois de meados do século XVIII e sobretudo no século XIX, é o desenvolvimento da navegação marítima que, por sua vez, é organizada a partir da Idade Média. O que abre essa navegação em alto-mar para os europeus é a invenção da bússola, do leme e da vela quadrada. As duas partes da Europa, a nórdica e a mediterrânea, encontram-se desde então ligadas regularmente por enormes galeras que transportam mercadorias, mas também homens. A primeira viagem regular, de Gênova a Bruges (Bélgica), ocorreu em 1297. Fernand Braudel lembra que Lisboa conhece, no século XIII, o crescimento "de uma escalada que, pouco a pouco, assimila as lições de uma economia ativa, marítima, periférica e capitalista".[108] Voltarei depois a esse ponto para contestá-lo sobre o termo "capitalismo". Não obstante, é preciso enfatizar sem demora esse nascimento, desde a Idade Média, de uma atividade maior, em grande parte marítima, da qual as tradições historiográficas só marcam o início nos séculos XV e XVI.

Entretanto, como nota Fernand Braudel, os transportes pela água ou por terra, excetuando-se os mensageiros a cavalo especializados, continuam lentos. É somente no século XVIII que a grande estrada se torna melhor e mais rápida na França. Os contratos de arrendamento dos correios franceses passam, entre 1676 e 1776, de 1.220.000 a 8.800.000 libras; o orçamento de Pontes e Estradas, de 700.000 a 7.000.000 libras. A École Royale des Ponts et Chaussées[109] é fundada em 1747.

---

108 Braudel, *Civilisation matérielle et capitalisme, XVe-XVIIIe siècles*, p.308.

109 A mais antiga escola de engenharia da França, e uma das mais prestigiadas.

Alain Tallon, em sua síntese sobre *L'Europe de la Renaissance*, indica:

> A economia europeia do Renascimento conserva mais globalmente a fragilidade inerente a todo sistema de produção tradicional. Devido à falta de reais modificações do sistema de cultura na imensa maioria das terras e, portanto, de aumento significativo dos rendimentos agrícolas, ela é incapaz de crescimento.[110]

A economia agrícola europeia conheceu certo desenvolvimento na Idade Média: a invenção do arado permitiu o aprofundamento das culturas; com a difusão do ciclo trienal, um terço das culturas é deixado em repouso a cada ano, e não mais a metade; adicione-se a isso a substituição do boi pelo cavalo como animal de tração. Porém, no século XVI e mesmo além dele, subsiste na Europa uma economia rural de longa duração. Essa ruralidade, então, até mesmo se reforça, dado que aqueles que enriquecem graças ao comércio e ao banco nascente reinvestem grande parte de seus benefícios nas terras. É o caso, na Itália, dos banqueiros genoveses e florentinos, e na França, dos grandes oficiais de finanças de Francisco I.[111]

Seus egressos ocupam preferencialmente os postos-chave em empresas públicas e privadas, os grandes cargos do corpo estatal e também pontuam em inúmeras instituições de pesquisa. Em 1º de julho de 2008, ela adotou o nome "École des Ponts Paris Tech" para confirmar seu pertencimento a essa instituição, da qual ela é uma das fundadoras. (N. T.)

110 Tallon, *L'Europe de la Renaissance*, p.52.

111 Ibid., p.60.

Outro elemento de continuidade entre Idade Média e Renascimento é o progresso do pensamento econômico. Sua certidão de nascimento é sem dúvida o aparecimento do termo "valor" num sentido teórico, na tradução da *Ética a Nicômaco*, de Aristóteles, efetuada pelo grande escolástico Alberto, o Grande, em torno de 1250. Como Sylvain Piron mostra de maneira convincente, o *Traité des contrats* (aproximadamente em 1292) do franciscano herético Pierre de Jean Olivi traz um progresso maior ao pensamento econômico. As noções de "raridade", de "capital", de "usura" são introduzidas, suscitando vivas discussões teóricas e práticas.[112] A proibição da usura, isto é, do empréstimo com lucro, atinge o ápice com o decreto de Urbano III, em 1187, mas depois desaparece pouco a pouco: ele não existe no Código Civil de Napoleão, em 1804. Em 1615, Antoine de Montchrestien (1575-1621) recorre à noção de "economia política" num tratado; até então, "economia" tinha o sentido de "administração doméstica", como no grego antigo e em Aristóteles. Assim, o Ocidente capitalista conhece uma longa evolução, que em seus fundamentos econômicos e sociais ignora a ruptura do Renascimento.

O grande livro de Fernand Braudel, *Civilisation matérielle et capitalisme* (1967), é precioso por refletir sobre a continuidade entre Idade Média e Renascimento. Na Europa rural de um Antigo Regime, que vai do crescimento dos séculos XI e XII até

---

112 Jean Olivi, *Traité des contrats*.

as vésperas da Revolução Francesa, as colheitas, nota ele, são ritmadas pelas carestias. A França, que apesar de tudo Braudel considera como um país privilegiado, conhece dez carestias gerais no século X, vinte e seis no XI, duas no XII, quatro no XIV, sete no XV, treze no XVI, onze no XVII, dezesseis no XVIII.[113] A peste, a mais temível das epidemias, sangra a Europa de modo recorrente entre 1348 e 1710, sem que os séculos XV e XVI marquem uma ruptura.

Fernand Braudel aponta ainda que, até o século XVIII, a dieta dos europeus é constituída primordialmente por alimentos vegetais.[114] Curiosamente, a França, país excepcionalmente carnívoro, não vê a quantidade de carne crescer em seu regime alimentar nesse século XVI, que os partidários do Renascimento dizem de crescimento, mas ao contrário, assistem a um desmoronamento do consumo a partir de 1550. As bebidas e os legumes importados das regiões extraeuropeias a partir do século XVI conhecem uma difusão limitada: isso ocorre com o chocolate, o chá (reservados à Grã-Bretanha, aos Países Baixos e à Rússia), e mesmo o café que, ganhando a Europa em meados do século XVII, só vê seu consumo aumentar realmente a partir de meados do século XVIII, para vir a ser um dos principais componentes do regime alimentar da Europa meridional e central. Até o século XVIII, os rendimentos do trigo – ou melhor, dos trigos (*méteil*,[115] centeio

113 Braudel, *Civilisation matérielle et capitalisme, XVe-XVIIIe siècles*, p.55.

114 Ibid., p.78.

115 Mistura de trigo com centeio. (N. T.)

etc.) – permanecem fracos, e os fertilizantes continuam a ser de origem humana e animal. Dentre os desencadeadores das perturbações que levaram à Revolução, a penúria do verão de 1789 é certamente um dos motivos principais.

A partir do século XI, a multiplicação dos moinhos permite aumentar a produção de pão, que se torna a base da alimentação europeia. Seu preço varia em função de sua qualidade, e um fosso separa o pão quase negro dos camponeses e aquele quase branco dos burgueses e dos senhores. Mas, como escreve Braudel:

> É somente entre 1750 e 1850 que se situa a verdadeira revolução do pão branco; então, o fermento substitui outros cereais (como na Inglaterra, onde o pão é fabricado cada vez mais a partir de farinhas livres de grande parte de seu farelo).[116]

As classes superiores passam a exigir uma alimentação que seja boa para o paladar e ao mesmo tempo para a saúde. O pão fermentado se difunde, e Diderot, por exemplo, afirma que os caldos, base do regime alimentar durante muito tempo, são indigestos. Uma escola nacional de padaria é fundada em 1780 e o exército napoleônico será o propagador desse "bem precioso, o pão branco", por toda a Europa.[117]

Também na Idade Média a pesca nórdica e as novas técnicas de conservação do peixe fazem do arenque um alimento europeu. A partir do século XI, as grandes expedições para pesca de arenque permitem que pescadores hanseáticos, holandeses e

116 Ibid., p.106.

117 Ibid.

zelandeses enriqueçam. Foi em 1375 que um holandês teria descoberto o modo de conservar o arenque (tirar as vísceras, salgá-lo e conservá-lo num barril), o que fez que dali em diante ele pudesse ser exportado para toda a Europa e particularmente para Veneza.

A pimenta, esse ingrediente importado do Oriente, essencial para a cozinha medieval, também vê seu consumo prosseguir, para se enfraquecer em meados do século XVII.

Nessa continuidade, é necessário notar uma nova promessa de bom futuro: o álcool. Sua fortuna é tardia, e se o século XVI, como sugere Braudel, "o cria, por assim dizer",[118] é o século XVIII que o vulgariza. Durante muito tempo a aguardente, produzida especialmente nos conventos monacais, permaneceu como medicamento proposto pelos médicos e boticários, especialmente contra a peste, a gota ou a perda da voz. Ela só se torna festiva no século XVI. Em seguida, seu consumo aumenta lentamente, para atingir seu ápice no século XVIII. Contudo, por volta de 1760, o *kirsch*, por exemplo, vindo da Alsácia, da Lorena e do Franco-Condado, ainda é utilizado somente como remédio.

Se examinarmos a produção e o uso dos metais, campo que só virá a conhecer a usina com o início da indústria na Inglaterra do século XVIII, é preciso notar a continuidade de seu emprego na Idade Média, no Renascimento e além dele. Mathieu Arnoux pôde escrever: "A cultura material medieval foi certamente tanto

118 Ibid., p.180.

uma civilização do ferro quanto da madeira".[119] O ferro é utilizado em quantidades consideráveis, seja na construção das catedrais, seja na confecção de ferramentas agrícolas que então se desenvolviam (arado e aiveca). Nos campos, o uso cada vez mais contínuo do cavalo, não somente como montaria para combate, mas como animal de tração, conduz à multiplicação de um personagem central devido a seu estatuto social: o ferreiro. As oficinas são inúmeras: os *fèvre*, que fabricam armas, são, para Robert Fossier,[120] verdadeiros "mecânicos"; os *ferrons* reduzem o minério de ferro e comercializam o metal; há também os fabricantes de pregos, os serralheiros, os "*maignen*", trabalhadores ambulantes encarregados dos reparos dos objetos de ferro etc.

A antroponímia dá testemunhos dessa difusão do ferro. Em grande parte da Europa, principalmente ocidental, no século XIII, que corresponde ao desenvolvimento do nome de família (sobrenome), os patrônimos que fazem alusão ao ferreiro se multiplicam: na França é Fèvre, Lefèvre etc.; na Grã-Bretanha, Smith; nos países germânicos, Schmit sob diversas ortografias. Permito-me assinalar que na língua céltica, mais particularmente em bretão, o ferreiro é dito "*le goff*".

Quanto ao nascimento e ao desenvolvimento da moda no campo da vestimenta, frequentemente vinculados, como vimos,

---

119 Artigo "Fer", In: Gauvard, Libéra e Zink (orgs.), *Dictionnaire du Moyen Âge*, p.523.

120 Fossier, *La terre et les hommes en picardie jusqu'à la fin du XIII siècle*.

aos séculos XV e XVI, de fato remontam ao cerne da Idade Média: as primeiras leis que regulam as despesas de luxo são editadas por soberanos e cidades a partir do fim do século XIII. O grande sociólogo alemão Norbert Elias, cujas obras irrigaram as ciências sociais depois da Segunda Guerra Mundial, mostrou como o modelo dos costumes que constituíam as culturas datava, em larga parte, da Idade Média. Numa de suas principais obras, *A dinâmica do Ocidente*, ele nota um movimento transversal que leva a Europa a evoluir, desde o século XI até o XVIII, momento em que triunfa a palavra "progresso". Esse progresso, até então, só se manifestava por impulsos de mudança ou de novidade, aos quais se tinha o hábito de chamar de "renascimentos". A Antiguidade greco-romana era considerada como um pico de civilização ao qual esses renascimentos tenderiam a fazer voltar a sociedade, o equipamento material e a cultura.

Norbert Elias insiste particularmente sobre os progressos de civilização que concerniam ao cotidiano e aos comportamentos humanos. Ele observa no âmago da Idade Média, especialmente no século XIII, a difusão dos "modos à mesa".[121] Na espera da lenta introdução do garfo no Ocidente, individualizam-se as louças e os talheres no momento das refeições, põe-se fim ao uso do mesmo prato ou da mesma terrina feito por vários convivas, impõe-se a limpeza manual antes e depois da refeição etc. Um banimento progressivo espetacular, mesmo que jamais completamente realizado, diz respeito ao cuspir.

121 Manières de table. In: Elias, *La Civilisation des mœurs*.

Para Elias, a elaboração e a difusão dos modos de polidez constituem um elemento maior dessa evolução. Tais modos se formam no quadro da cortesia medieval, em seguida ganham a nobreza por meio da corte que se instala nos séculos XI e XII no contexto monárquico e principesco, e, posteriormente, nos séculos XVII e XVIII, nas camadas burguesas e mesmo populares da sociedade. Apesar de as cortes suscitarem vivas críticas na literatura medieval – sobretudo a do rei da Inglaterra, Henrique II, que esteve no trono de 1154 a 1189, no panfleto de Walter Map, *De nugis curialium*, em que os cavaleiros são tratados de afeminados –, nem por isso deixam, principalmente na França até a Revolução, de ser um lugar de prestígio e de difusão das boas maneiras.

Nathalie Heinich não deixa dúvidas, analisando os trabalhos de Norbert Elias, de que a partir "da senhoria feudal do século XI [...] até seu apogeu no século das Luzes", por meio dos esforços de tréguas e de paz que faziam a violência incontida recuar até por volta de meados do século XVIII, que é também o tempo da polidez, o Ocidente conhece um período de civilização. Expondo a tese de Norbert Elias, Nathalie Heinich sublinha que:

> A dinâmica desse movimento nasce da constituição do Estado, graças à imposição progressiva de um duplo monopólio real: o monopólio fiscal, que monetariza os laços entre o soberano e os senhores, e o monopólio da violência legítima, que coloca tão somente nas mãos do rei a força militar e a condição de qualquer pacificação.[122]

---

122 Heinich, *La sociologie de Norbert Elias*, p.10.

Assim, a economia permanece essencialmente agrária, e o camponês, um dominado pelo senhor.

Como a Idade Média recobriu o Ocidente de catedrais, o desenvolvimento da artilharia faz que se substitua, como já apontei, os castelos fortes pelos palácios de lazer, dos quais o mais extraordinário será Chambord, e o mais prestigiado, Versalhes. A pintura desenvolve-se com a invenção oriunda de Flandres, o cavalete, e o retrato, surgido no início do século XIV, que se torna um dos tesouros da nobreza. A Reforma mergulha o cristianismo na cizânia e na violência, e o século XVI é uma época de guerras de religião. Todavia, o cristianismo, sob suas formas católica e protestante, continua a ser majoritário até meados do século XVIII.

Enfim, apesar de as Províncias Unidas nascerem como república em 1579, e as perturbações na Inglaterra levarem à queda e à morte de um rei, Carlos I, em 1649, o regime monárquico domina no Ocidente até a Revolução Francesa.

Quanto ao saber, sua evolução continua a ser tão lenta que em meados do século XVIII um grupo de letrados sente a necessidade de reunir os produtos dessa longa acumulação. Será a *Enciclopédia* que, no campo dos conhecimentos, marcará o fim de um período e a chegada de novos tempos.

A Europa política tradicional parece chegar ao fim com os tratados de Utrecht (1713-1715), que põem fim à guerra da Sucessão da Espanha e às agitações da maior parte da Europa. O último grande afrontamento tradicional é, indiscutivelmente, a guerra de Sucessão da Áustria (1740-1748), conflito europeu marcado pela vitória dos franceses sobre os ingleses e holandeses em Fontenoy.

Será 1492 um ano admirável e novo? Já indiquei o que constitui, em qualquer hipótese, um acontecimento maior, mas cuja influência sobre a evolução da história pode ser diferentemente interpretada e que oferece, por conseguinte, um exemplo apaixonante para refletir sobre a periodização da história: a descoberta, por Cristóvão Colombo em 1492, disso que em breve será chamado de América.

Para apresentar os problemas colocados por essa data, sem contar com os inúmeros tratamentos que ela sofreu nas obras que se interessam pela Idade Média e pelo Renascimento, reterei dois livros importantes. O primeiro é o de Franco Cardini, em italiano, *Europa 1492. Ritratto di un continente cinquecento anni fa*[123] [Europa, 1492. Retrato de um continente há quinhentos anos], e o segundo, de Bernard Vincent, *1492 "l'année admirable"*[1492, o ano admirável].[124]

A Europa é o domínio geográfico escolhido por Franco Cardini: para ele, no final do século XV, trata-se de um nome usual, de uma realidade política. Ele mostra, de um lado, a complementaridade entre campos, majoritários do ponto de vista da população e da superfície, e, de outro, entre cidades, que não somente

123 Cardini, *Europa 1492. Ritratto di un continente cinquecento anni fa*, p.208; *1492, l'Europe au temps de la découverte de l'Amérique*.

124 Vincent, *1942 "l'année admirable"*.

fornecem as matérias-primas, sobretudo as alimentares, mas também as garantias contra as irregularidades da produção agrícola. A nobreza vive luxuosamente nos castelos, que são cada vez menos militarizados, tanto nas cidades quanto nos campos. A mescla das categorias sociais é a regra nas cidades do centro e do sul da Europa, nas praças públicas e nas estradas do norte, nas grandes igrejas e nos mercados corporativos. A vida, festiva, é pontuada pelas danças – nobres no castelo, populares na rua. Na cidade, as termas, casas de banho e de prazeres sexuais disputam espaço com as igrejas onde se reza.

No plano das técnicas, a Europa do século XV é uma sociedade de invenções, tais como a da perspectiva na arte da pintura. Cardini insiste no papel excepcional da Itália nessas inovações – inclusive no campo político, com o regime comunal.

Apesar disso, o século XV tem também outra face, aquela dos sofrimentos e da miséria. A cristandade é assolada por três males: a peste, a fome e a guerra. É a época das danças macabras e das "artes de morrer". Porém, Franco Cardini traz os reflexos do mar para esse universo: por meio do comércio que, desde a alta Idade Média, concerne especialmente às especiarias, por meio também da exploração das costas africanas e do sonho das Índias Orientais que, em 1492, leva Cristóvão Colombo a largar amarras. Entretanto, se, por trás do navegador genovês, em suas caravelas e na cristandade, muitos esperam descobrir ouro, ele mesmo permanece preocupado antes de tudo com os pagãos a serem levados ao verdadeiro Deus, o Deus dos cristãos: Cristóvão Colombo é bem um homem da Idade Média. Franco Cardini faz, na obra *1492*, o que chama de uma "homenagem ao Almirante". O que ele vê em definitivo ao final desse ano de 1492 é "a Idade Média que morre, a época moderna que mostra a aurora, o mundo que se faz de um traço mais amplo".[125] Se, por um lado, Cardini nota a morte da Idade Média, por outro insiste sobre a continuidade, sobre a ampliação de um mundo que permanece o mesmo. Aquilo que ele não chama de "Renascimento", mas simplesmente o "mundo", sai dessa Idade Média que produziu Cristóvão Colombo.

A questão é então colocada aos historiadores: nessa ampliação de 1492, o que é mais importante, aquilo que morre ou aquilo que continua?

Bernard Vincent também vê nesse ano de 1492 aquele que, para a cristandade, resume os séculos passados e anuncia aqueles por vir. Em sua visão, trata-se do "ano admirável" e ele denuncia, em seu prefácio, como é errado reduzi-lo à descoberta feita por Cristóvão Colombo. Examina a riqueza de 1492 a partir da Península Ibérica e por meio de quatro acontecimentos que ao mesmo tempo foram excepcionais e que virão perturbar a continuidade histórica. Trata-se, em primeiro lugar, da rendição aos reis católicos do senhor muçulmano de Granada, última cidade mantida pelo Islã na cristandade. O segundo acontecimento é a expulsão dos judeus. É claro que, antes dos espanhóis, ingleses e franceses já haviam recorrido a essa medida. Mas os reis católicos parecem ter hesitado durante muito tempo entre um esforço crescente de conversão e a

125 Cardini, op. cit., p.229.

expulsão. Nesse sentido, o ano de 1492 só é admirável para os cristãos da época, que veem a cristandade livre, em seu solo, de seus dois principais inimigos, o Islã e o judaísmo.

Terceiro acontecimento: a cristandade entra definitivamente na construção nacional. 1492 abre o uso do castelhano em toda a Espanha. De fato, Antonio de Nebrija (1444-1522), célebre gramático a que se chama – dada a época – de humanista, mas que na realidade é um andaluz que estudou em Salamanca e em Bolonha, e que trabalhava a serviço do arcebispo de Sevilha, apresenta a Isabel, a Católica, uma gramática castelhana impressa, publicada em 18 de agosto de 1492. O acontecimento é marcado por uma cerimônia modesta, mas de grande alcance. Antonio de Nebrija poderia fazer suas as palavras escritas na mesma época por um de seus colegas aragoneses que traduziu em castelhano a vida dos Pais do deserto, exprimindo magnificamente o laço entre língua e política:

> Dado que o poder real é hoje castelhano e que os excelentes reis e rainhas que nos governam escolheram fazer do reino de Castela a base e a sede de seus Estados, decidi escrever este livro em castelhano, pois a língua, mais que todo o resto, acompanha o poder.[126]

Bernard Vincent teve razão ao propor, dentre os fatores que estruturam a história em períodos, o fator linguístico:[127] a Europa se tornará, depois de 1492, uma Europa das nações e das línguas.

---

126 Vincent, op. cit., p.78.

127 Ibid., p.72 e ss.

Se esse ano foi "admirável", a causa disso também vai muito além da descoberta da ilha de Guanahani no arquipélago das Bahamas, rebatizada de São Salvador por Colombo, que constitui o quarto acontecimento retido por Bernard Vincent. Será que foi devido a isso que 1492 se tornou o marco de um novo período da história?

A historiadora britânica Helen Cooper demonstrou recentemente que Shakespeare (1564-1616), saltando o pretenso Renascimento, havia sido um homem e um escritor da Idade Média.[128] Ela começa por lembrar que "o mundo no qual vivia Shakespeare era medieval". Stratford e as cidades das redondezas tinham sido fundadas na Idade Média; Coventry devia seu estatuto de cidade à sua catedral normanda; Warwick havia se estendido em torno de seu castelo; Oxford, precocemente fortificada na Idade Média, com um castelo e uma muralha, fundava sua reputação em sua universidade, a partir do final do século XII.

Quando Shakespeare foi morar em Londres, entre 1585 e 1590, as torres e igrejas não estavam mais dominadas pela catedral gótica de Saint-Paul, destruída pelo incêndio de 1561. A cidade, na qual se entrava por portas fortificadas, era dominada pelo castelo forte da Torre de Londres e a maciça Torre Branca de Guilherme, o Conquistador, atribuída a Júlio César.

A descrição que o escritor John Stow publica em 1598, *Survey of London* [investigação de Londres], mostra a abundância de monjas contemplativas que havia na cidade e a irrupção, dentro

128 Cooper, *Shakespeare and the Medieval World*.

dos muros, de setores camponeses. Os jogos praticados nas ruas eram os dos séculos XII e XIII. Com frequência, as escolas e os comércios haviam sido fundados na Idade Média. A Londres de Stow era uma cidade saudosa dessa época, e Shakespeare devia associar-se a essa nostalgia. A tipografia, recente, difundia especialmente para os laicos as obras da Idade Média, sobretudo Geoffrey Chaucer (em torno de 1340-1400), as baladas como a de Robin Hood e as canções de gesta sobre heróis medievais. O primeiro livro impresso em inglês foi *Morte Darthur*, de Sir Thomas Malory, em 1485.

Parece que no início de sua carreira Shakespeare desejava seguir a moda e tornar-se um poeta, inspirando-se na cultura antiga, mas rapidamente entregou-se ao teatro. Mais ainda: contrariamente ao teatro antigo, Shakespeare concebe o mundo como um teatro total ou global. Nesse mundo em miniatura, ele quer primeiramente contar a Idade Média inglesa.

O dramaturgo inspira-se nos autores medievais. Recorre frequentemente à alegoria e em suas peças três tipos de personagens ocupam lugar central: o rei, o pastor e o louco. Ele traz seres fantásticos, tais como as fadas em *Sonhos de uma noite de verão*, ou espíritos, como Ariel em *A tempestade*. O tema da dança macabra, ponto final da expressão social do sentimento da morte na Idade Média, é desenvolvido em *Cymbeline*. Por fim, Helen Cooper vê em Shakespeare um novo Chaucer, que retoma no palco a Idade Média desse grande poeta inglês do século XIV e recorre a uma métrica poética semelhante.

Em 2011, o escritor norte-americano Charles C. Mann publicou uma obra de considerável sucesso além-mar, cujo título poderia deixar pensar que é uma obra histórica: *Como a descoberta da América transformou o mundo.*[129] Apesar disso, não se trata de um livro de história. É um sonho, um fantasma. Inicialmente ele propõe um neologismo para descrever o mundo após o retorno de Cristóvão Colombo que, em março de 1493, traz daquele lugar que não acreditava ser um novo continente "enfeites de ouro, papagaios coloridos e dez índios prisioneiros". Para Charles C. Mann, "Colombo teria descoberto uma nova era biológica: o *Homogénocène*", termo que remete à noção de homogeneização, "a combinação de substâncias dessemelhantes para obter uma mescla uniforme". É o suprassumo do que habitualmente se chama "mundialização", termo sem dúvida válido para a troca generalizada das comunicações humanas, mas que não corresponde a nenhuma realidade na evolução intrínseca da Terra e da humanidade: os geofísicos contemporâneos insistem no contrário, parece-me, sobre a diversificação das regiões e dos povos.

Mann indica inúmeras vezes e de modo poético as viagens transatlânticas, com o tabaco de um lado e o ar insalubre de outro; transpacíficas, com prata de um lado e o arroz de outro. A Europa se situa do lado produtivo, como complexo agroindustrial, do lado consumidor, para o petróleo – mas estamos longe da Idade Média e do Renascimento. Quanto à África, a desco-

129 Mann, 1493. *Comment la découverte de l'Amérique a transformé le monde.*

berta da América correspondeu para ela ao nascimento de um novo mundo, condenada que estava, por vários séculos, a fornecer os escravos necessários ao desenvolvimento do continente. Por fim, Charles C. Mann acredita poder encontrar a mundialização profunda em processo de realização nas Filipinas. O sonho está provisoriamente terminado.

Antes de abordar o que penso ser o fim da longa Idade Média, em meados do século XVIII, e de resumir o modo pelo qual a mim se apresenta o problema da periodização da história, gostaria de ilustrar, por meio de um exemplo, a continuidade que de maneira verossimilhante se pode entrever entre a Idade Média e o Renascimento: trata-se da gênese do Estado moderno. Se o Ocidente conhece um longo desenvolvimento do século VII até a metade do XVII, é certamente no campo político que ele é o mais espetacular. É evidente que existiram tentativas de ruptura antes da Revolução Francesa, mas elas falharam. Foi o caso na Inglaterra, cuja vida política foi particularmente perturbada no século XVII, com a decapitação de Carlos I e a abdicação de Jaime II, mas a monarquia resistiu. A única novidade importante reside na independência das Províncias Unidas que, pela União de Utrecht de 1579, confirmada em 1609, formaram a primeira república ocidental.

Se, por um lado, a descoberta da América e a chegada à Europa de grandes quantidades de metais preciosos, ouro e prata, causaram um enorme estímulo na economia monetária – mas nem por isso fizeram que de cara surgisse o capitalismo –, por outro a criação do Estado moderno foi lenta, e a monarquia se atribuiu progressivamente novos poderes e engendrou de forma esporádica as instituições que o caracterizam.[130] Jean-Philippe Genet expressa bem o quadro:

> No século XII, um novo campo autônomo vai se destacar: o do direito; pouco a pouco, outros campos vão progressivamente adquirir autonomia: o da literatura, que supõe um público bem amplo capaz de ler, o da medicina e, tardiamente, o das ciências e o da política. Dito de outra forma, a emergência do Estado é acompanhada por um funcionamento progressivo do campo que engloba a teologia, ligado à laicização de uma sociedade que dispunha cada vez mais amplamente de ferramentas culturais evoluídas. Ora, se analisarmos a constituição e o desenvolvimento desses campos, encontraremos, em todos os níveis, o Estado.

Michael Clanchy também insiste sobre a longa aprendizagem da escrita que, na virada do século XV para o XVI, se estende às mulheres.[131]

Do ponto de vista dos tratados políticos, Jacques Krynen assinala a importância dos escritos compostos por volta de 1300 e o fato de que o vocabulário do direito canônico medieval prefigura as expressões do direito administrativo moderno:

---

130 Inspiro-me aqui principalmente na mesa-redonda organizada em Roma, em outubro de 1984, "Cultura e ideologia na gênese do Estado moderno", sobretudo nas contribuições de Jean-Philippe Genet, Jacques Krynen, Roger Chartier, Michel Pastoureau, Jean-Louis Biget, Jean-Claude Hervé e Yvon Thébert, Roma, École Française de Rome, 1985.

131 Clanchy, *From Memory to Written Record*.

assim ocorre para os termos *auctoritas, utilitas publica, privilegium*.[132] Michel Pastoureau nota que um objeto essencial simbolizou e representou o Estado durante a Idade Média e o início dos tempos modernos: o sinete. Quanto à administração do poder, é na Idade Média que encontramos a mais bela alegoria pictórica: as duas grandes pinturas de Ambrogio Lorenzetti, *Le Bon Gouvernement* [o bom governo] e *Les Effets du bon gouvernement* [os efeitos do bom governo] (em torno de 1337-1338) no Palácio Público de Siena.[133] Depois de um curto período no século IX, a flor de lis se torna no século XII, por iniciativa de Suger, o símbolo da monarquia francesa, na necrópole dos Capeto, na catedral de Saint-Denis. Entretanto, como mostraram Jean-Louis Biget, Jean-Claude Hervé e Yvon Thébert, é no século XIV que se elabora "o Romance das flores de lis", e por volta de 1400 que se constitui definitivamente a lenda de sua origem celeste, que durará até a Revolução Francesa.

Sabemos também sobre a força da devoção à Virgem a partir dos séculos XI e XII. Ora, é no XII que aparece o tema iconográfico da Coroação da Virgem, que se prolongará durante todo o tempo das monarquias.

---

132 Roger Chartier lembra que desde 1939, em seu livro sobre a evolução da civilização, Norbert Elias havia proposto como período da construção do Estado moderno no Ocidente os séculos que vão do XIII ao XVIII.

133 Vide recentemente Boucheron, *Conjurer la peur. Sienne, 1338. Essai sur la force politique des images*.

Outro evento que inspirou fortemente os iniciadores da ideia de uma época autônoma "Renascimento" foi o das Grandes Descobertas. Essas descobertas incontestavelmente impulsionam o comércio. Vimos as consequências desse comércio que assume nova amplitude com o Oceano Índico, as costas africanas e principalmente com as Américas. Notemos, contudo, que a introdução de mercadorias até então desconhecidas no Ocidente (por exemplo o tomate, o chá e, mais tardia e lentamente, o café) não modificou profundamente a alimentação, à base de cereais, de pão, de cozido e de carne. Um acontecimento importante, mas que me parece ser menos decisivo que as viagens comerciais regulares entre os portos italianos e aqueles da Europa do Norte no final do século XIII, é a fundação das companhias holandesa (1602) e francesa (por Colbert, em 1664, e retomada por Law, em 1719), que desenvolveram e concentraram o comércio dos produtos internacionais.

Frequentemente a finança, ao lado da cultura, é considerada como um marcador essencial da Idade Média pelo Ocidente. Apesar disso, num livro clássico, Carlo M. Cipolla mostrou, com precisão e brio, que apenas se podia falar, antes da Revolução Industrial do século XVIII, de uma só e mesma economia; os níveis de produtividade na Europa são notavelmente mais elevados no fim do século XVI que seiscentos anos mais cedo; contudo, permanecem "abissalmente" (*abismally*) baixos.[134]

---

134 Cipolla, *Before the Industrial Revolution. European Society and Economy. 1000-1700*, p.126.

De modo mais geral, a evolução maior consecutiva à descoberta da América, até que se possa falar de progresso no século XVII, diz respeito à economia monetária. A abundância de metais preciosos, a difusão e a complicação das técnicas bancárias nascidas na Idade Média levaram ao lento desenvolvimento do capitalismo, o qual se baseia, a partir de 1609, no Banco de Amsterdã, a que se dá o nome e o papel de primeira Bolsa. Entretanto, ainda não se pode falar de "capitalismo" e, antes da publicação do grande livro do economista escocês Adam Smith, *Uma investigação sobre a natureza e as causas da riqueza das nações* (1776), não se pode considerar que a economia se emancipou das práticas e das dimensões da Idade Média.

Dessa forma, os partidários do Renascimento como período fazem da eclosão da Reforma um momento maior, marcando o fim do monopólio do cristianismo, até então unicamente contradito por heresias. Apesar disso, e considerando-se a violência das guerras de religião no século XVI, a influência do cristianismo sobre a fé dos ocidentais permanece, até o século XVIII, quase total.

No entanto, a prática religiosa e depois a crença recuam progressivamente, com consequências profundas nos campos da filosofia e da literatura. Esse racionalismo mais ou menos sem religião toma amplitude na Inglaterra com Thomas Hobbes (1588-1679), John Locke (1632-1704) e principalmente na França, com Pierre Bayle (1647-1706), autor de um *Dicionário histórico e crítico* em quatro volumes, publicados de 1695 a 1697. Bayle estabeleceu-se para ensinar em Roterdã, pois a nova República das Províncias Unidas garantira a seus residentes a liberdade de consciência e de escritura, e uma proteção contra a censura: a Idade Média caminhava para outra época. Um sinal da emergência desse período sucessor da longa Idade Média, que acreditei dever prolongar para além do Renascimento: a publicação, a partir de 1751, da *Encyclopédie ou Dictionnaire raisonné des sciences, des arts et des métiers*, que, sob o impulso de Diderot, D'Alembert, Voltaire, Montesquieu, Rousseau etc., afirmava a primazia da razão e da ciência sobre o dogma cristão.

Como um sinete no estado de espírito de uma sociedade que rompia com a Idade Média para se tornar verdadeiramente moderna, Mirabeau empregava – certamente pela primeira vez –, em 1757, a palavra "progresso" significando um "movimento da civilização para adiante, para um estado cada vez mais florescente". A sociedade ocidental que se afirmava e que se concentraria na Revolução Francesa era não somente a vitória do progresso: era também a do indivíduo.

Como encerramento deste ensaio, vou me esforçar para definir as condições de uma periodização pertinente da história, que se justifique pelo exemplo da longa Idade Média que apresentei aqui.

Recapitulemos. Sem ser objeto de estudos abertos, os primeiros séculos da era cristã marcaram a passagem de um período que só será oficialmente chamado de "Antiguidade" por Montaigne em 1580, sendo que essa expressão designava tão somente Grécia e Roma antigas. A periodização elaborada na Antiguidade, retomada por Santo Agostinho, que a lega à Idade Média, é a periodização das seis idades da vida. Ela introduz a ideia do envelhecimento do mundo quando chegado à sua sexta e última fase. Obsessão da marcha para o fim que, entretanto, será constantemente combatida durante a Idade Média clássica com a ideia de "renovação" (*renovatio*), que em certas épocas tomou mesmo um caráter tão pronunciado que os historiadores modernos fizeram delas "renascimentos": em particular, a época dita "carolíngia", no tempo de Carlos Magno, e, no século XII, aquela que representa uma época de crescimento e de inovação nos campos econômico (progresso das técnicas agrícolas) e do pensamento (escola de Saint-Victor, ensino de Abelardo, sentenças de Pierre Lombard, 1100-1160, que servirão de manual nas universidades). A Idade Média dita "senescente" não deixará de afirmar, aqui e acolá, a novidade de fenômenos e de acontecimentos, e a ideia de progresso acaba por emergir em meados do século XVIII. Assinalemos assim a multiplicidade do termo "novo" na primeira página da Vida de São Francisco de Assis, escrita no século XIII por seu mais antigo biógrafo, Tomás de Celano (Tommaso da Celano, em italiano).

Uma lenta porém clara evolução marca o período que se estende do século XII ao XV. No campo agrícola, ocorreu o progresso tecnológico trazido pelo arado e pela aiveca, pela substituição do boi pelo cavalo de tração, pelo aumento dos rendimentos graças à rotação trienal das culturas. No campo que chamaríamos de "industrial", tivemos a multiplicação dos moinhos, com o uso da serra hidráulica e, a partir do final do século XII, do moinho de vento. Em matéria religiosa e intelectual, vimos a afirmação dos sacramentos e o desenvolvimento das universidades e da escolástica.

Em geral, essas novidades eram colocadas sob o signo de retorno às virtudes do período considerado como referência, em particular no campo literário e filosófico: a Antiguidade greco-romana. É por isso que os historiadores modernos lhes dão o nome de "Renascimento". A Idade Média tradicional teve o sentimento de avançar olhando para trás, o que durante muito tempo borrou a possibilidade de uma nova periodização.

A visão muda quando, no século XIV, Petrarca lança os séculos precedentes na obscuridade e os reduz a um período de transição neutra e insossa entre a bela Antiguidade e a renovação que ele anuncia. Ele dá a esses séculos o nome de *Media Ætas*, e nasce a Idade Média. O período que inúmeros letrados e artistas dos séculos XV e XVI acreditam edificar só será nomeado em 1840 por Michelet, em sua primeira aula no Collège de France. Contudo, desde antes de Michelet, uma nova periodização da história (que só vale, é bom insistir, para o Ocidente) afirmou-se. Ela foi autorizada pela evolução da própria história, e ocorreu desde o gênero literário até a matéria de ensino, do entretenimento até o saber. Essa transformação foi obra das universidades e dos colégios. É bom lembrar: exceto na Alemanha, a História desfruta de uma cátedra de ensino nas universidades, e depois se torna disciplina ensinada nos colégios, principalmente a partir do fim do século XVIII e no início do século XIX, e esta metamorfose se completa indubitavelmente em 1820.

Os partidários do Renascimento como período específico retiveram como decisivos os acontecimentos ocorridos nos séculos XV e XVI, dos quais os mais espetaculares são: a descoberta da América por Cristóvão Colombo, em 1492; a substituição de uma religião cristã unificada pela divisão dos europeus em duas profissões de fé, o cristianismo reformado e o cristianismo tradicional, que se tornou catolicismo; na política, para governar as nações nascentes, o reforço da monarquia absoluta, com a importante exceção das Províncias Unidas republicanas fundadas em 1579; no campo filosófico e literário, a evolução de parte dos letrados para a libertinagem intelectual e a incredulidade; no da economia e das finanças, a chegada abundante de metais preciosos transformáveis em divisas e o desenvolvimento do sistema capitalista, acelerado pela fundação, em 1609, do Banco de Amsterdã.

Quanto a mim, estimo que a mudança de período, ao final da longa Idade Média, se situa em meados do século XVIII. Ele corresponde aos progressos da economia rural, apontados e teorizados pelos fisiocratas; à invenção da máquina a vapor, imaginada pelo francês Denis Papin em 1687 e realizada pelo inglês James Watt em 1769; ao nascimento da indústria moderna que, da Inglaterra, vai se disseminar por todo o continente. No campo filosófico e religioso, a longa Idade Média se encerra com a obra que introduziu o pensamento racional e laico, a ciência e a tecnologia modernas: a *Enciclopédia*, da qual Voltaire e Diderot são os mais brilhantes participantes. Por fim, o término do século XVIII corresponde, no plano político, ao movimento antimonarquista decisivo da Revolução Francesa. O australiano David Garrioch mostrou como este havia se desenvolvido ao longo do século XVIII,[135] no decorrer do qual

> [...] o conjunto da sociedade parisiense mudou de universo: o aparecimento de novas práticas sociais, econômicas e demográficas tocou cada indivíduo, desvinculando antigas comunidades, solapando as amarras dos pilares tradicionais, confrarias, ordens, corpos, costumes, corporações, para dar origem a outras solidariedades, a mudanças profundas em matéria religiosa, política e institucional.[136]

Se adicionarmos o renovado fosso entre ricos e pobres, sinal da evolução econômica e financeira, o interesse pela leitura, teatro, jogos, prazeres e o sucesso individual, podemos afirmar que foi em meados do século XVIII que o Ocidente entrou em um novo período.

Antes de propor algumas conclusões sobre o fenômeno capital no campo historiográfico da periodização da história, gostaria de resumir a demonstração precedente numa visão de conjunto das relações entre Idade Média e Renascimento que permitirá precisar o que é um verdadeiro período histórico.

Para essa perspectiva sintética, baseio-me num número da revista *Les Cahiers de Science et vie* [*Cadernos de Ciência e Vida*] de abril de 2012, intitulado "Le génie de la Renaissance. Quand

135 Garrioch, *The Making of Revolutionary*, trad. Chr. Jaquet, *La Fabrique du Paris révolutionnaire*.

136 Baecque, Le monde des livres, *Le Monde*, 10 maio 2013, p.2.

l'Europe se reinvente" ["O espírito do Renascimento. Quando a Europa se reinventa"] e que começa por uma introdução dedicada ao "Espírito do Renascimento". Esse dossiê insiste sobre as diversas interpretações concernentes ao retorno às origens que a palavra "Renascimento" indica, coloca Florença no centro do novo período e evoca "o despertar da razão" que interviria então.

Nesse campo, o Renascimento só fez prolongar a Idade Média: esta se liga também à Antiguidade e, se não toda a teologia medieval, ao menos a escolástica, a partir do século XII, recorre sem cessar à razão. Quanto a colocar Florença no centro da renovação de um período, parece-me que isso reduz o movimento das histórias de modo inexato e restringe o próprio Renascimento a um pequeno grupo de políticos e artistas.

A revista também faz que o Renascimento corresponda a um modo de "repensar" o Homem. Apesar disso, essa inflexão decisiva do pensamento que não concebe a teologia sem humanismo produziu-se desde a Idade Média. O renascimento do século XII, insistindo na ideia de que o homem foi feito "à imagem de Deus", e toda a grande escolástica do século XIII, em particular São Tomás, consideram e afirmam que seu verdadeiro assunto, por meio de Deus, é o Homem. O humanismo depende de uma longa evolução, que remonta à Antiguidade.

A revista faz o Renascimento coincidir com o "nascimento do método científico". Trata-se aqui essencialmente de racionalidade, do primado da matemática e do recurso à experiência metódica. Falei anteriormente de racionalidade. Para a matemática, lembro que sua emergência como método interveio na Idade Média com as novas edições mais precisas e os comentários de Euclides, com a introdução do zero, que ocorreu no início do século XIII, com o manual decisivo de Leonardo de Pisa, o *Liber Abaci*, composto em 1202, remodelado em 1228, e também com os progressos das técnicas ligadas ao comércio e ao banco (dentre as quais a letra de câmbio, no início do século XIV). O que de fato é novo, mas integrado num renascimento medieval dos séculos XV e XVI, é o recurso metódico à experiência e, em particular, no século XVI, à autópsia.

Lamento especialmente que esse volume dos *Cadernos de ciência e vida* afirme que "é no século XVI que o pluralismo emerge na Europa". Desde a alta Idade Média a cristandade não cessou de estar no centro de discussões e processos ligados ao que a Igreja chamava de "heresias". Era o ponto de vista da Igreja medieval. Não consideraríamos hoje essas heresias como teorias, ideias, formas de pensamento diferentes do dogmatismo oficial? A diversidade na Idade Média foi profusa, efervescente. Nós a encontraremos, por exemplo, na alimentação, embora o autor dinamarquês do mais antigo manual de cozinha, no início do século XIII, tenha efetuado seus estudos em Paris e tenha ficado marcado pela cozinha francesa, que já era uma referência.

Outra característica do Renascimento, segundo a revista, é "um grande sopro vindo da Itália". Essa afirmação pode ser mais admitida que a outra, que reduz o âmago do novo período a Florença. Contudo, a partir da alta Idade Média, a originalidade e até mesmo a precocidade da Itália, seja a do papado, das comunas ou dos principados, é uma constante na Europa cristã. Por outro lado, também se insistiu naquilo a que chamam de Renascimento alemão, tanto quanto sobre o Renascimento francês, geralmente limitado aos castelos do rio Loire.

Na verdade, no decorrer da Idade Média houve renascimentos plurais mais ou menos influentes. Quanto à ênfase posta sobre os castelos, esse renascimento data da própria Idade Média, no início do século XIV, como vimos, dada a transformação dos castelos-forte em espaços abertos e fluidos para o exterior. Da mesma forma, pudemos seguir a evolução da vestimenta – do vestido da alta Idade Média ao *justaucorps* do fim do Antigo Regime, que de fato desapareceu com o advento do traje burguês ou operário do século XIX.

O campo industrial é um dos casos em que a continuidade "Idade Média-Renascimento" e a ruptura "longa Idade Média--Tempos Modernos" se manifestam mais claramente. Com efeito, o Renascimento vê se desenvolverem as dimensões do alto-forno, mas foi preciso esperar a invenção da máquina a vapor no século XVIII para que a indústria nascesse na Inglaterra e se difundisse no continente. Dá-se, com justiça, uma importância excepcional à tipografia que, como sabemos, nasceu em meados do século XV, mas as revoluções que concernem à leitura intervieram a partir da Idade Média. Ocorreram na alta Idade Média a substituição do rolo pelo códice, a produção do livro efetuada não mais nos *scriptoria* monásticos, mas em livrarias exteriores ou nas das universidades que, a partir do século XIII, fabricam as *pecia*,[137] facilmente reprodutíveis e, por fim, a troca do pergaminho pelo papel, que se espalha a partir da Espanha no século XII, e principalmente da Itália no início do século XIII. Por fim, lembramos que o capitalismo só se teoriza e toma consciência de si a partir do livro fundamental de Adam Smith, *Uma investigação sobre a natureza e a causa da riqueza das nações*. As descobertas, a partir de Colombo e Vasco da Gama, só adquirem uma regularidade que envolva a colonização europeia com a conquista da Índia pela Grã-Bretanha em 1756. No campo da navegação, a novidade essencial foi, no início do século XIII, a adoção da bússola e do leme.

A revista *Les Cahiers de Science et vie* associa o Renascimento à expressão "oficina do progresso". Ela é infeliz. De fato, se por um lado pudemos mostrar que, contrariamente às críticas antigas, a Idade Média teve consciência da novidade e da melhoria,[138] por outro o sentido e a palavra "progresso" só emergem no século XVIII. Uma das características desse último renascimento medieval que, a meu ver, é o Renascimento dos séculos XV e XVI, é que ele prepara, anuncia os verdadeiros tempos modernos na segunda metade do século XVIII. O manifesto dessa

137 O sistema *pecia*, nascido na Itália, tornou-se um procedimento regulamentado na Universidade de Paris na segunda metade do século XIII. O sistema dividia o livro em seções de quatro fólios chamadas *peciae*. Assim desmontado, suas diferentes partes eram entregues principalmente a estudantes, que copiavam somente o trecho recebido e devolviam a *peciae*. Recolhidas as partes, um novo livro era montado, e isso tornava o sistema mais ágil e rápido. (N. T.)

138 Smalley, Ecclesiastical Attitudes to Novelty, *c.* 1100-*c.* 1250. In: Baker (org.), *Church Society and Politics, Studies in Church History*, v.12, p.113-31.

modernidade é, depois do longo domínio da religião cristã, católica ou reformada, a publicação da *Enciclopédia*. Os autores do número especial da revista bem que sentiram essa gestação. São testemunho disso os títulos dos dois últimos capítulos: "Cosmos: la révolution *couve*" ["Cosmos: a revolução *está latente*"]; e "Les expéditions du XVIe *annoncent* la mondialisation d'aujourd'hui" ["As expedições do século XVI *anunciam* a mundialização de hoje em dia"].

Talvez ainda seja preciso apontar que um "verdadeiro" período histórico é habitualmente longo: ele evolui, pois a História jamais é imóvel. No decorrer dessa evolução, ele é levado a experimentar renascimentos mais ou menos brilhantes, que amiúde se baseiam no passado, fruto de um fascínio por este último, sentido pela humanidade da época. Mas esse passado só serve como uma herança que permite o salto para um novo período.

Periodização e mundialização

Creio que ficou claro: a meu ver, o Renascimento, tomado como época específica pela história contemporânea tradicional, só marcou um último subperíodo de uma longa Idade Média.

A periodização da história que vimos, na tradição ocidental, remontar simultaneamente às origens do pensamento grego (Heródoto, século V a.C.) e ao Antigo Testamento (Daniel, século VI a.C.), só entrou tardiamente na prática cotidiana. Ela se impôs com a transformação do gênero literário histórico em matéria de ensino, nos séculos XVIII-XIX. Responde ao desejo, à necessidade da humanidade de agir sobre o tempo no qual ela evolui. Os calendários lhe permitiram dominar o tempo da vida cotidiana. A periodização responde ao mesmo objetivo, centrado na longa duração. Ainda é preciso que essa invenção do homem corresponda a uma realidade objetiva. Parece-me ser este o caso. Não falo do mundo em sua materialidade, mas evoco unicamente a humanidade em sua vida, e mais particularmente a humanidade ocidental: esta forma, segundo nossos conhecimentos atuais, uma unidade autônoma com características próprias, e a periodização é uma delas.

A periodização justifica-se por aquilo que faz da história uma ciência, não uma ciência exata, indubitavelmente, mas uma ciência social, que se funda em bases objetivas a que chamamos fontes. Ora, a história que as fontes nos oferecem se move, evolui: é a história das sociedades em marcha no tempo, dizia Marc Bloch. O tempo faz parte da história – o historiador precisa dominá-lo, ao mesmo tempo que se encontra em seu poder, e na medida em que esse tempo muda, a periodização se torna, para o historiador, uma ferramenta indispensável.

Diz-se que a longa duração, introduzida por Fernand Braudel e que desde então se impôs entre os historiadores, borra, se não apaga, os períodos. A meu ver, esse antagonismo não é um fato. Há, na longa duração, lugar para os períodos. O controle de um objeto vital, intelectual e ao mesmo tempo carnal, como pode ser a história, parece-me necessitar de uma combinação de continuidade e de descontinuidade. É isso que a longa duração, associada à periodização, oferece.

Deixei um pouco de lado, pois indiscutivelmente ela se coloca a partir dos tempos modernos, a questão da duração dos períodos, da velocidade de evolução da história. O que, inversamente, é mais imperativo para a Idade Média e o Renascimento, mais que para o contemporâneo e o presente, é a lentidão da passagem de um período a outro. Há poucas revoluções, supondo que tenha havido alguma. François Furet apreciava lembrar que a Revolução Francesa havia durado quase todo o século XIX. Isso explica que muitos historiadores, inclusive aqueles que adotaram a ideia de um Renascimento específico, tenham empregado a expressão "Idade Média e Renascimento". E se um século corresponde a essa definição – o que, aliás, indiscutivelmente faz a sua riqueza –, é o XV.

De meu ponto de vista, creio que nos encontramos mais próximos da realidade e de uma periodização que permite um uso fácil e ao mesmo tempo rico da história se considerarmos que períodos longos foram marcados por fases de mudanças importantes, porém não maiores: subperíodos que para a Idade Média chamamos de "renascimentos", no cuidado de combinar o novo ("nascimento") e a ideia de um retorno a uma idade de ouro (o prefixo "re", que faz voltar atrás e subentende semelhanças).

Podemos então – e penso que devemos – conservar a periodização da história. Dos dois principais movimentos que atravessam o pensamento histórico atual – a história na longa duração e a mundialização (inspirada essencialmente na *world history* americana)[139] –, nenhum é incompatível com seu uso. Volto a insistir: a duração não medida e o tempo medido coexistem, e a periodização só pode ser aplicada a campos de civilização limitados, sendo que a mundialização consiste em encontrar em seguida as relações entre esses conjuntos.

De fato, os historiadores não devem confundir, como fizeram frequentemente até agora, a ideia de mundialização com a de uniformização. Há duas etapas na mundialização: a primeira consiste na comunicação, na relação de regiões e culturas que se

---

139 Manning, *Navigating World History. Historians create a Global Past.*

ignoravam; a segunda é um fenômeno de absorção, de fusão. Até agora, a humanidade só conheceu a primeira dessas etapas.

A periodização é, assim, um campo maior de investigação e de reflexão para os historiadores contemporâneos. Graças a ela se esclarece a maneira pela qual a humanidade se organiza e evolui na duração, no tempo.

AGRADECIMENTOS

Este ensaio deve muito a Maurice Olender. Ele não somente desempenhou com excelência o papel de diretor desta excelente coleção. Foi como historiador que ele se engajou na reflexão, na elaboração, na defesa das ideias que aqui são propostas, com a paixão, a inteligência e a cultura que lhe são peculiares.

Também desfrutei notavelmente da competência, do talento e da dedicação das colaboradoras das Éditions du Seuil, a pedido de Maurice Olander. Trata-se principalmente de Séverine Nikel, coordenadora do Departamento de Ciências Humanas, de Cécile Rey, de Marie-Caroline Saussier e de Sophie Tarneaud.

Usufruí também das discussões e conselhos de alguns historiadores que são grandes amigos. Penso principalmente em François Hartog, eminente historiador, em Jean-Claude Schmitt e Jean-Claude Bonne, em seus colaboradores do Gahom, na École des Hautes Études en Sciences Sociales.

Também devo muito a Krzysztof Pomian e a Christiane Klapisch-Zuber.

Por fim, não posso me esquecer de minha fiel e cara amiga Christine Bonnefoy que, depois de ter sido minha secretária na

École des Hautes Études en Sciences Sociales durante longos anos, retomou efetivamente o trabalho para tornar possível a materialização deste livro.

Agradeço calorosamente a todos.

Referências bibliográficas

ALLIEZ, E. *Les Temps capitaux, t. I:* recits de la conquete du temps. Paris: Le Cerf, 1991.

ALTAVISTA, C. *Lucca e Paolo Guinigui (1440-1430):* la costruzioni di uma corte rinescirnentale. Città, architettura, arte. Pisa: 2005.

AMALVI, Chr. *De l'art et la manière d'accomoder les héros de l'histoire de France.* Essais de mythologie nationale. Paris: Albin Michel, 1988.

ANGENENDT, A. *Heiligen und Religquien, Die Geschischte ihres Kultes vom frühen Christentum bis zum Gegenwort.* Munich: 1994.

ARNALDI, G. *L'Italia e i suoi invasori.* Roma-Bari: Laterza, 2002.

AUBERT, M. Le Romantisme et le Moyen Âge. In: *Le Romantisme et l'Art,* 1928.

AUTRAND, M. (Org.). L'Image du Moyen Âge dans la littérature française de la Renaissance au XXe siècle, 2 v., *La Licorne,* n.6, 1982.

AYMARD, M. La transizione dal feudalismo al capitalismo. In: *Storia d'Italia, Ammil,* t.I: *Dal feudalismo al capitalismo.* Turim: 1978.

BAECQUE, A. Le monde des livres. *Le Monde,* 10 maio 2013.

BASCHET, J. *La civilisation féodale.* De l'an Mil à la colonisation de l'Amérique. Paris: Aubier, 2004.

______; BONNE, J-C.; DITTMAR, P-O. *Le monde roman.* Par delà le bien et le mal. Paris: Arkhe, 2012.

BEC, Chr. *Florence 1300-1600.* Histoire et culture. Nancy: Presses Universitaires de Nancy, 1986.

______; CLOULAS, I.; JESTAZ, B.; TENENTI, A. *L'Italie de la Renaissance.* Un monde en mutation, 1378-1494. Paris: Fayard, 1990.

BELOW, G. von. *Uber Historische Periodisierungen mit besonderem Blick auf die Grenze zwischen Mittelalter und Neuzeit*. Berlim: 1925.

BERLINGER, R. Le temps et l'homme chez Saint Augustin. *L'Année théologique augustinienne*, 1953.

BOAS, G. Historical Periods. *Journal of Aesthetics and Art Criticism*, XII, 1953, p.253-4.

BOUCHERON, P. (Org.). *Histoire du monde au XVe siècle*. Paris: Fayard, 2009.

______. *L'Entretemps*. Conversations sur l'histoire. Lagrasse: Verdier, 2012.

______. *Conjurer la peur*. Sienne, 1338. Essai sur la force politique des images. Paris: Seuil, 2013.

______; DELALANDE, N. *Pour une histoire-monde*. Paris: PUF, "La vie des idées", 2013.

BOUWSMA, E. J. *Venice and the defense of Republican Liberty*: Renaissances valious in the Age of Counter Reformation. Berkeley-Los Angeles: University of California Press, 1968.

BRANCA, V. (Org.). *Concetto, storia, miti e immagini del Medio Evo*. Florença: Sansoni, 1973.

BRAUDEL, F. *Civilisation matérielle et capitalisme, XVe-XVIIIe siècles*. Paris: Armand Colin, 1967. [Ed. port.: *Civilização material e capitalismo, séculos XV-XVIII*. Trad. Maria Antonieta Magalhães Godinho. Lisboa: Cosmos, 1970.]

______. Histoire et sciences sociales. La longue durée. *Annales ESC*, 13-4, 1958, p.725-53; retomado em *Écrits sur l'histoire*. Paris: Flammarion, 1969, p. 41-83.

BRIOISTI, P. *La Renaissance, 1470-1570*. Paris: Atlante, 2003.

BROWN, J. C. Prosperity or Hard Times in Renaissance Italy?. In: *Recent Trends in Renaissance Studies*: Economic History. *Renaissance Quarterly*, XLII, 1989.

BURCKHARDT, J. *La civilisation de la Renaissance en Italie, 1860-1919*. Trad. H. Schmitt, revista e corrigida por R. Klein, prefácio de Robert Kopp. Paris: Bartillat, 2012.

BURKE, P. *The Renaissance Sense of the Past*. Londres: Edward Arnold, 1969.

______. *La Renaissance em Italie*: art, culture, société. Trad. P. Worling. Paris: Hazan, 1991. [Ed. bras.: *O Renascimento italiano*. Trad. José Rubens Siqueira. São Paulo: Ed. Nova Alexandria, 1999.]

BURKE, P. *La Renaissance européenne*. Paris: Seuil, 2000.

BURR, G. L. How the Middle Ages Got Their Name?. *The American Historical Review*, v.XX, n.4, jul. 1915.

BRUTER, A. *L'Histoire enseignée au Grand Siècle*. Naissance d'une pédagogie. Paris: Belin, 1998.

CAMPBELL, M. *Portraits de la Renaissance*. La Peinture des portraits en Europe aux XIVe, XVe et XVIe siècles. Trad. Dominique Le Bourg. Paris: Hazan, 1991.

CARDINI, F. *Europa 1492*. Ritratto di un continente cinquecento anni fa. Florença: Rizzoli, 2000.

______. *1492, l'Europe au temps de la découverte de l'Amérique*. Trad. e adapt. Michel Beauvais. Paris: Solar, 1990. [Ed. port.: *Europa 1942*. Trad. Carlos Silva. Lisboa: Porto Editora.]

CASTELFRANCHI VEGAS, L. *Italie et Flandres*. Primitifs flamands et Renaissance italienne. Paris: L'Aventurine, 1995.

CHAIX, G. *La Renaissance des années 1470 aux années 1560*. Paris: Sedes, 2002.

CHAIX-RUY, J. Le problème du temps dans les *Confessions* et dans la *Cité de Dieu*. *Giornale di Metafisica*, 6, 1954.

______. Saint Augustin, Temps et Histoire. *Les Études augustiniennes*, 1956.

CHAUNU, P. *Colomb ou la logique de l'imprévisible*. Paris: François Bourin, 1993.

CHENU, M.-D. *La théologie comme science au XIIIe siècle* (1957) 3.ed. rev. e aum. Paris: Vrin, 1969.

______. *La théologie au XIIe siècle* (1957). 3.ed. Paris: Vrin, 1976.

CIPOLLA, C. M. *Before the Industrial Revolution*. European Society and Economy. 1000-1700. Nova York: W. W. Norton, 1976.

CLANCHY, M. T. *From Memory to Written Record*. Cambridge: Harvard University Press, 1979.

CLARK, K. *The Gothic Revival*. A Study in the History of Taste. Londres: Constable & co, 1928.

CLOULAS, I. *Charles VIII et le mirage italien*. Paris: Albin Michel, 1986.

COCHRANE, E. *Historians and Historiography in the Italian Renaissance*. Chicago: University of Chicago Press, 1981.

CONNELL, W. J. *Society and Individual in Renaissance Florence*. Berkeley: University of California Press, 2001.

CONTAMINE, Ph. (Org.). *Guerres et concurrence entre les États européens du XVIe au XVIIIe siècles*. Paris: PUF, 1998.

CONTI, A. L'evoluzione dell'artista. In: *Storia dell'arte italiana*, t.I: *Materiali e Problemi*, t.2: *L'Artista et il pubblico*. Turim: Einaudi, 1980.

COOPER, H. *Shakespeare and the Medieval World*. Londres: Arden Companions to Shakespeare, 2010.

CORBELLANI, A.; LUCKEN, Chr. (Orgs.). Lire le Moyen Âge?, número especial da revista *Équinoxe*, 16, outono de 1996.

COSENZA, M. E. *Biographical and Bibliographical Dictionary of the Italian Humanists and of the World of Scholarship in Italy, 1300-1800*. 5 v. Boston: G. K. Hall, 1962.

COUSIN, V. *Œuvres*, t.I: *Cours de l'histoire de la philosophie*. Bruxelas: Hauman & Cia, 1840.

CROUZET-PAVAN, E. *Renaissances italiennes, 1380-1500*. Paris: Albin Michel, 2007.

______. (Org.). *Les Grands Chantiers dans l'Italie communale et seigneuriale*. Roma: École Française de Rome, 2003.

CULLMANN, O. *Christ et le temps*. Neuchâtel-Paris: Delachaux et Niestlé, 1947.

DAINVILLE, F. *L'Éducation des jésuites*. XVI-XVIII siècle. Paris: Minuit, Sens commun, 1978.

DAUSSY, H.; GILLI, P.; NASSIET, M. *La Renaissance*, vers 1470-vers 1560. Paris: Belin, 2003.

DAVIS, R, C.; LINDSMITH, E. *Hommes et femmes de la Renaissance*. Les inventeurs du monde moderne. Trad. J.-P. Ricard e C. Sobecki. Paris: Flammarion, 2011.

DELACROIX, C.; DOSSE, F.; GARCIA, P.; OFFENSTADT, N. *Historiographies*. Concepts et débats. 2 v. Paris: Gallimard, Folio Histoire, 2010.

DELUMEAU, J. *La peur en Occident, XiVe au XVIIIe siècles*. Paris: Fayard, 1978.

______. *Une histoire de la Renaissance*. Paris: Perrin, 1999.

______; LIGHTBOWN, R. *La Renaissance*. Paris: Seuil, 1996.

DEMURGER, A. *Temps de crises, temps d'espoir, XIVe-XVe siècles*. Paris: Seuil, Points, 1990.

DHOTEL, J.-Cl. *Les origines du catéchisme moderne d'après les premiers manuels imprimés en France*. Paris: Aubier, 1967.

DIDI-HUBERMAN, G. *Devant le temps*. Histoire de l'art et anachronisme des images. Paris: Minuit, Critique, 2000.

DUBY, G. *Histoire continue*. Paris: Odile Jacob, 1991. [Ed. bras.: *A história contínua*. Trad. Clóvis Marques. Rio de Janeiro: Jorge Zahar, 1993.]

DUNN-LARDEAU, B. (Org.). *Entre la lumière et les ténèbres*. Aspects du Moyen Âge et de la Renaissance dans la culture des XIXe et XXe siècles. Actes du congrès de Montréal, 1999. Paris: Honoré Champion, 1999.

ECO, U. Dieci modi di sognare il medio evo. In: *Sugli specchi e altri saggi*. Milão: Bompiani, 1985.

______. *Arte e bellezza nell'estetica medievale*. Milão: Bompiani, 1987.

______. *Art et beauté dans l'esthétique médiévale*. Trad. M. Javion. Paris: Grasset, 1997. [Ed. bras.: *Arte e beleza na estética medieval*. Trad. Mario Sabino. Rio de Janeiro: Record, 2010.]

______. *Scritti sul pensiero medievale*. Milão: Bompiani, 2012.

EDELMANN, N. *Attitudes of Seventeenth Century France toward The Middle Age*. New York: King's Crown Press, 1946.

ELIAS, N. *Uber den Prozess der Zivilisation*, Basileia, 1939, t.I: *La civilisation des mocurs*; t.II: *La dynamiquc dc l'Occident*. Trad. P. Kamnitzer. Paris: Calmann--Lévy, 1973 e 1975.

______. *La civilisation des mœurs*. Trad. P. Kamnitzer. Paris: Calmann-Lévy, 1973, reed. 1991. [Ed. bras.: *O processo civilizador*: Uma história dos costumes. Trad. Ruy Jungmann. Rio de Janeiro: Jorge Zahar Ed., v.I, 1990 e II, 1993.]

______. *Mozart sociologie d'um génie*. Paris: Seuil, La Librairie du XXIe siècle, 1991. [Ed. bras.: *Mozart – sociologia de um gênio*. Trad. Sérgio Goes de Paulo. Rio de Janeiro: Zahar, 1994.]

EPSTEIN, S. A. *Genoa and the Genoese, 958-1528*. Chapell Hill-Londres: University of North Carolina Press, 1996.

ERLANDE-BRANDENBURG, A. *La révolution gothique au XIIe siècle*. Paris: Picard, 2012.

FALCO, G. *La polemica sul Medio Evo*. Turim, 1933.

FEBVRE, L. Comment Jules Michelet inventa la Renaissance. *Le Genre humain*, n.27, L'Ancien et le Nouveau. Paris: Seuil, 1993, p.77-87.

FERGUSON, W. K. *The Renaissance in Historical Thoght*: five Centuries of Interpretation. Boston: Houghton Mifflin Co., 1948.

______. *La Renaissance dans la pensée historique*. Trad. J. Marty. Lausanne: Payot, 1950, nova edição em 2009.

Fernand Braudel et l'histoire, apresentado por J. Revel. Paris: Hachette Littératures, Pluriel, n.962, 1999.

FOSSIER, R. *La terre et les hommes en picardie jusqu'à la fin du XIII siècle*. Paris: Louvain, 1968.

FUMAROLI, M. Aux origines de la connaissance historique du Moyen Âge: Humanisme, Réforme et Gallicanisme au XVIe siècle. *XVIe siècle*, 114/115, 1977.

GARIN, E. *Moyen Âge et Renaissance*. Trad. C. Carme. Paris: Gallimard, 1969.

______. *L'Éducation de l'homme moderne*. La pédagogie de la Renaissance, 1400-1600. Trad. J. Humbert. Paris: Hachette Littératures, 2003.

______. *L'Humanisme italien*. Trad. S. Crippa e M. A. Limoni. Paris: Albin Michel, 2005.

GARRIOCH, D. *The Making of Revolutionary Paris*. Berkeley: University of California Press, 2002. Trad. Chr. Jaquet, *La fabrique du Paris révolutionnaire*. Paris: La Découverte, 2013.

GAUVARD, C.; LIBERA, A.; ZINK, M. (Orgs.). *Dictionnaire du Moyen Âge*. Paris: PUF, 2002.

GILSON, É. Le Moyen Âge comme *sæculum modernum*. In: BRANCA, V. (Org.). *Concetto, storia, miti e immagini del Medio Evo*. Florença: Sansoni, 1973.

GOSSMAN, L. *Medievalism and the Ideology of the Enlightenment*. The World and Work of La Curne de Sainte Palaye. Baltimore: Johns Hopkins University Press, 1968.

GREENBLATT, S. *Renaissance Self-Fashioning*. From More to Shakespeare. Chicago-Londres: The University of Chicago Press, 1980.

GUENÉE, B. *Étude sur l'historiographie médiévale*. Paris: Publications de la Sorbonne, 1977.

______. *Histoire et culture historique dans l'Occident médiéval*. Paris: Aubier, 1980, reeditado em 1991.

______. Histoire. In: LE GOFF, J.; SCHMITT, J-Cl. (Orgs.). *Dictionnaire raisonné de l'Occident médiéval*. Paris: Fayard, 1999. [Ed. bras.: *Dicionário temático do Ocidente medieval*. v.I e II. Trad. Hilário Franco Júnior (coord. da trad.). Bauru: Edusc, 2002.]

GUICHEMERRE, R. L'image du Moyen Âge chez les écrivains du XVIIe siècle. In: *Moyen Âge. Hier et aujourd'hui*. Amiens-Paris: Université de Picardie-PUF, 1990.

GUITTON, J. *Le temps et l'éternité chez Plotin et Saint Augustin*. Paris: Vrin, 1971.

HALE, R. G. *La civilisation de l'Europe à la Renaissance*. Trad. R. Guyonner. Paris: Perrin, 1998. [Ed. port.: *A civilização europeia no Renascimento*. Col. Biblioteca do Século. Lisboa: Editorial Presença, 2000.]

HARTOG, F. *Le miroir d'Hérodote*. Essai sur la représentation de l'autre. Paris: Gallimard, 1980. [Ed. bras.: *O espelho de Heródoto*. Ensaios sobre a representação do outro. Trad. Jacyntho Lins Brandão. Belo Horizonte, UFMG, 1999.]

______. (Org.). *L'Histoire d'Homère à Augustin*. Paris: Seuil, 1999. [Ed. bras.: *A história de Homero a Santo Agostinho*. Trad. Jacyntho Lins Brandão. Belo Horizonte: Ed. UFMG, 2001.]

______. *Évidence de l'histoire*. Hagiographie ancienne et moderne. Paris: Gallimard, Folio, 2001.

______. *Régimes d'historicité*. Présentisme et expériences du temps. Paris: Seuil, 2003.

______. Ordre des temps: chronographie, chronologie, histoire. In: *Recherches de Sciences Sociales, 1910-2010*. Théologies et vérité au défi de l'histoire. Leuven-Paris: Peeters, 2010.

______. *Croire en l'histoire*. Essai sur le concept moderne d'histoire. Paris: Flammarion, 2013.

HASKINS, C. H. *The Renaissance of the Twelfh Century*. Cambridge (Mass.): Harvard University Press, 1927.

HAUSER, H. *La modernité du XVIe siècle*. Paris: Alcan, 1939.

HEER, F. Die Renaissance Ideologie im frühen Mittelater. *Mitteilungen des Instituts für Osterreichische Geschichtsforscuhng*, LVII, 1949.

HEINICH, N. *La sociologie de Norbert Elias*. Paris: La Découverte, 1997. [Ed. bras.: *A sociologia de Norbert Elias*. Trad. Viviane Ribeiro. Bauru: EDUSC, 2001].

HUIZINGA, J. *L'Automne du Moyen Âge* (1919). Trad. J. Bastin, prefácio de J. Le Goff. Paris: Payot, 1975; precedido de uma entrevista entre J. Le Goff e Cl. Mettra. Paris: Payot, 2002.

JACQUART, J. l'Âge classique des paysans, 1340-1789, In: LE ROY LADURIE, E. (Org.). *Histoire de la France rurale*, t.II. Paris: Seuil, 1975.

JACQUOT, J. *Les fetes de la Renaissance*. Paris: Éd. du CNRS, 1973-1975.

JEAN OLIVI, P. *Traité des contrats*. Apresentação, edição crítica, tradução e comentários de S. Piron. Paris: Les Belles Lettres, 2012.

JONES, P. *The Italian City-State*: from Commune to Signoria. Oxford-New York: Clarendon Press, 1997.

JOSUÉ. *La Bible à la naissance de l'histoire*. Paris: Fayard, 1979.

JOUANNA, A.; HAMON, P.; BILOGHI, D.; LE THIEC, G. *La France de la Renaissance*. Histoire et dictionnaire. Paris: Robert Laffont, 2001.

KOSELLECK, R. *L'Expérience de l'histoire*. Paris: Gallimard-Seuil, 1997.

KRISTELLER, P. O. *Renaissance Philosophy and the Medieval Tradition*. Pennsylvania: Latrobe, 1966.

______. *Medieval Aspects of Renaissance Learning*: Three Essays. Durham: Duke University Press, 1974.

______. *Studies on Renaissance Thought and Letters*. Roma: Ed. di Storia e Letteratura, 3 v. 1956-1993.

"L'Ancien et le Nouveau", *Le Genre humain*, n.27. Paris: Seuil, 1993.

LADNER, G. B. Vegetation Symbolism and the Concept of Renaissance. In: MEISS, M. (Ed.). *Essays in Honor of Erwin Panofsky*. Nova York: New York University Press, 1961.

LANÇON, B. *L'Antiquité tardive*. Paris: PUF, Que sais-je?, 1997.

LA RONCIÈRE, M.; MOLLAT DU JOURDIN, M. *Les portulans*. Cartes maritimes du XIIIe au XVIIe siècle. Paris: Nathan, 1984.

LEDUC, J. *Les historiens et le temps*. Paris: Seuil, 1999.

______. Période, périodisation. In: DELACROIX, C.; DOSSE, F.; GARCIA, P.; OFFENSTADT, N. (Orgs.). *Historiographies*. Concepts et débats, t.II, Paris: Gallimard, Folio Histoire, 2010.

LE GOFF, J. *Les intellectuels au Moyen Âge*. Paris: Seuil, 1957. [Ed. bras.: *Os intelectuais na Idade Média*. Trad. Marcos de Castro. 2.ed. Rio de Janeiro: José Olympio, 2006.]

______. Le Moyen Âge de Michelet. In: *Pour un autre Moyen Âge*. Paris: Gallimard, 1977.

______. *Histoire et mémoire*. Paris: Gallimard, 1988. [Ed bras.: *História e memória*. Trad. Bernardo Leitão et al. Campinas-SP: Editora da Unicamp, 1990.]

______. Temps. In: LE GOFF, J.; SCHMITT, J-Cl. (Orgs.). *Dictionnaire raisonné de l'Occident médiéval*. Paris: Fayard, 1999.

______. Le Moyen Âge de Michelet. In: *Un autre Moyen Âge*. Paris: Gallimard, 1999.

______. *Un long Moyen Âge*. Paris: Tallandier, 2004, reed. Hachette, Pluriel, 2010.

______. *À la recherche du temps sacré*. Jacques de Voragine et la Légende dorée. Paris: Perrin, 2011. [Ed. bras.: *Em busca do tempo sagrado*. Tiago de Varazze e a Lenda dourada. Trad. Marcos de Castro. Rio de Janeiro: Civilização Brasileira, 2013.]

______; NORA, P. (Orgs.). *Faire de l'histoire*. 3 v. Paris: Gallimard, 1974; Folio Histoire, n.188, 2011.

LE POGAM, P.-Y.; BODÉRÉ-CLERGEAU, A. *Le temps à l'œuvre*. Catálogo da exposição apresentada no museu do Louvre em Lens (dez. 2012-out. 2013). Tourcoing-Lens: Éd. Invenir-Louvre-Lens, 2012.

LE ROY LADURIE, E. Un concept: l'unification microbienne du monde (XIVe-XVIIe siècles). *Revue suisse d'histoire*, n.4, 1973.

______. (Org.). *Histoire de la France rurale*, t.II. Paris: Seuil, 1975.

LIEBESCHÜTZ, H. Medieval Humanism in the Life and Writings of John of Salisbury. *Studies of the Warburg Institute*, XVII, Londres, 1950.

LOPEZ, E. S. Still Another Renaissance. *American Historical Review*, v.LVII, 1951.

LUNEAU, A. *L'Histoire du salut chez les Pères de l'Église, la doctrine des âges du monde.* Paris: Beauchesne, 1964.

MAHN-LOT, M. *Portrait historique de Christophe Colomb.* Paris: Seuil, 1960, reed. Points Histoire, 1988.

MAIRE VIGUEUR, J.-Cl. (Org.). *D'une ville à l'autre.* Structures matérielles et organisation de l'espace dans les villes européennes, XIIIe-XVIe siècles. Roma: École Française de Rome, 1989.

MANN, C. C. *1493.* Comment la découverte de l'Amérique a transformé le monde, trad. M. Boraso. Paris: Albin Michel, 2013. [Ed. port.: *1493*: Desvendando o novo mundo que Colombo criou. Trad. Artur Lopes Cardoso. Lisboa: Casa das Letras, 2012.]

MANNING, P. *Navigating World History.* Historians create a Global Past. New York: Palgrave Macmillan, 2003.

MARROU, H.-I. *L'Ambivalence du temps de l'histoire chez Saint Augustin.* Montréal-Paris: Institut d'études médiévales, Vrin, 1950.

MÉHU, D. *Gratia Dei.* Les chemins du Moyen Âge. Montréal: FIDES, Biblio-Fides, 2013.

MELIS, F. *I mercanti italiani nell'Europa medievale e rinascimentale.* L. Frangioni (Org.). Grassina, Bagno a Ripoli: Le Monnier, 1990.

MEYER, J. *Histoire du sucre.* Paris: Desjonquères, 1989.

MEYER, M. *Qu'est-ce que l'histoire?* Progrès ou déclin? Paris: PUF, 2013.

MICHELET, J. *Œuvres completes.* Ed. P. Viallaneix. *Histoire de France*, t.I, livros 1 a 4. Paris: Flammarion, 1974.

_______. *Cours au Collège de France.* Ed. P. Viallaneix. t.I. Paris: Gallimard, 1995.

MILO, D. S. *Trahir le temps.* Paris: Les Belles Lettres, 1991.

MOLLAT, M. Y a-t-il une économie de la Renaissance?. In: *Actes du colloque sur la Renaissance.* Paris: Vrin, 1958.

MOMIGLIANO, A. *Tra Storia e Storicismo.* Pisa: Nistri-Lischi, 1985.

MOMMSEN, T. E. Petrarch's Conception of the Dark Ages. *Speculum.* v.17, 1942.

MOOS, P. V. Muratori et les origines du médiévisme italien. *Romania*, CXIV, 1996, p.203-4.

MURRAY, A. *Reason and Society in the Middle Ages.* Oxford-New York: Clarendon Press-Oxford University Press, 1978.

NITZE, W. A. The So-Called Twelfth Century Renaissance. *Speculum*, v.23, 1948.

NOLHAC, P. *Pétrarque et l'humanisme*. Paris: Champion, 1907.

NORA, P. *Les lieux de mémoire*, 3v. Paris: Gallimard, Bibliothèque illustrée des histoires, 1984-1992.

NORDSTÖM, J. *Moyen Âge et Renaissance*. Paris: Stock, 1933.

NOREL, P. *L'Histoire économique globale*. Paris: Seuil, 2009. [Ed. port.: *A invenção do mercado*. Uma história econômica da mundialização. Trad. Elsa Pereira. Lisboa: Instituto Piaget, 2006.]

PANOFSKY, E. *Renaissance and Renascences in Western Art*. Trad. L. Verron, *La Renaissance et ses avant-courriers dans l'art d'Occident*. Paris: Flammarion, 1976. [Ed. port.: *Renascimento e renascimentos na arte ocidental*. Lisboa: Editorial Presença, 1981.]

PATZELT, E. *Die Karolingusche Renaissance*. Viena: Österreichischer Schulbücherverlag, 1924.

Périodisation en histoire des sciences et de la philosophie. *Revue de synthèse*, número especial 3-4, Paris: Albin Michel, 1987.

PLAISANCE, M.; DECROISETTE, F. *Fêtes urbaines em Italie à l'époque de la Renaissance*: Vérone, Florence, Sienne, Naples. Paris: Klincksieck-Presses de la Sorbonne nouvelle, 1993.

POMIAN, K. *L'Ordre du temps*. Paris: Gallimard, 1984.

POULET. G. *Études sur le temps humain*, t.I. Paris: Plon, 1949.

POUSSOU, J.-P. (Org.). *La Renaissance, des années 1470 aux années 1560*. Enjeux historigraphiques, méthodologie, bibliographie commentée. Paris: Armand Colin, 2002.

RENAUDET, A. Autour d'une définition de l'humanisme. *Biblithèque d'Humanisme et Renaissance*, t.VI, 1945.

RENUCCI, P. *L'Aventure de l'humanisme européen au Moyen Âge, IVe-XIVe siècles*. Paris: Les Belles Lettres, 1953.

REY, A. (Org.). *Dictionnaire culturel en langue française*. Paris: Le Robert, 2005.

RIBÉMONT, B. (Org.). *Le Temps, sa mesure et sa perception au Moyen Âge*. Actes de colloque, Orléans, 12-13 avril 1991. Caen: Paradigme, 1992.

RICŒUR, P. *Temps et récit*, t.I, L'Intrigue et le récit historique. Paris: Seuil, 1983.

RICŒUR, P. *Mémoire, histoire, oubli*. Paris: Seuil, 2000. [*A memória, a história, o esquecimento*. Trad. Alain François et al. Campinas-SP: Editora da Unicamp, 2007.]

ROMANO, R.; TENENTI, A. *Die Grundlegung der modernen Welt*. Frankfurt -Hamburgo: Fischer Verlag, 1967. [Trad. ital.: *Alle origini dell mondo moderno (1350-1550)*. Milão: Feltrinelli, 1967.]

RUIZ, T. F. *A King Travels*. Festive Traditions in Late Medieval and Early Modern Spain. Princeton (N. J.): Princeton University Press, 2012.

SCHILD BUNIM, M. *Space in Medieval Painting and the Forerunners of Perspective*. New York: AMS Press, 1940.

SCHMIDT, R. Aetates Mundi. Die Weltalter als Gliederungsprinzip der Geschichte. *Zeitschrift für Kirchengeschichte*, 67, p.288-317, 1955-1956.

SCHMITT, J.-Cl. L'imaginaire du temps dans l'histoire chrétienne. *PRISMA*, t. XXV/1 e 2, n.49-50, p.135-59, 2009.

SEZNEC, J. *La Survivance des dieux antiques*. Essai sur le rôle de la tradition mythologique dans l'humanisme et dans l'art de la Renaissance (1940). Paris: Flammarion, Champs, 2011.

SIMONCINI, G. La persistenza del gotico dopo il medioevo. Periodizzazinone ed orientamenti figurativi. In: CIMONCINI, G. (Org.). *La tradizioni medievale nell'architettura italiana*. Florença: Olschki, 1992, p.1-24.

SINGER, S. Karolingische Renaissance. *Germanich-Romanische Monatsschrift*, XIII, 1925.

SMALLEY, B. Ecclesiastical Attitudes to Novelty, *c.* 1100-*c.* 1250. In: BAKER, D. (Org.). *Church Society and Politics*, Studies in Church History, v.12. Oxford: Basil Blackwell, 1975.

STRONG, R. *Les fêtes de la Renaissance, 1450-1650*. Art et pouvoir. Trad. Br. Cocquio. Arles: Solin, 1991.

TALLON, A. *L'Europe de la Renaissance*. Paris: PUF, Que sais-je?, 2006.

TAVIANI, P. E. *Cristoforo Colombo*. La Genesi della grande scoperta, 2v. Navara: De Agostini, 1974.

TOUBERT, P.; ZINK, M. (Orgs.). *Moyen Âge et Renaissance au Collège de France*. Paris: Fayard, 2009.

ULLMANN, W. *Medieval Foundations of Renaissance Humanism*. Ithaca-New York: Cornell University Press, 1977.

______. The Medieval Origins of the Renaissance. In: Chastel, A. (org.), *The Renaissance*. Essays in Interpretation. Londres-New York: Methuen, 1982.

VALÉRY, R.; DUMOULIN, O. (Orgs.). *Périodes*. La construction du temps historique. Actes du Ve colloque d'Histoire au présent. Paris: Éd. de l'EHESS, 1991.

VAN DER POT, J. H. J. *De Periodisering der geschiedenis. Een overzicht der theorieën*. W. p. van Stockum em zoon, La Haye, 1951.

VINCENT, B. *1942, "l'année admirable"*. Paris: Aubier, 1991. [Ed. port.: *1942* – O ano admirável. Trad. João Luiz Gomes. Col. Vida e Cultura. Lisboa: Livros do Brasil, 1992, atualmente Lisboa: Porto Editora.]

VOSS, J. *Das Mittelalter im historischen Denken Frankreichs untersuchungen zur Geschicht des Mittelater Begriffes von der zweiten Hältfer des 16. Bis zur Mitte des 19. Jahrhunderts*. Munique: Fink, 1972.

WARD, P. A. *The Medievalism of Victor Hugo*. University Park, Pennsylvania State University Press, 1975.

WASCHEK, M. (Org.). *Relire Burckhardt*, Ciclo de conferências organizado no museu do Louvre. Paris: École Nationale Sipérieure des Beaux-Arts, 1997.

WEILL-PAROT, N. *Points aveugles de la nature*. La rationalité scientifique médiévale face à l'occulte, l'attraction magnétique et l'horreur du vide (XIIIe-milieu du XVe siècle). Paris: Les Belles Lettres, 2013.

WERNER, E. De l'esclavage à la féodalité: la périodisation de l'histoire mondiale. *Annales ESC*, 17-5, 1962.

WITTKOWER, R. E M. *Les enfants de Saturne*. Psychologie et comportement des artistes de l'Antiquité à la Révolution française. Trad. D. Arasse. Paris: Macula, 1985.

ZORZI, A. La politique criminelle en Italie, XIIIe-XVIIe siècles. *Crime, histoire et sociétés*, v.2, n.2, 1988.

ZUMTHOR, P. Le Moyen Âge de Victor Hugo. Prefácio a V. Hugo, *Notre-Dame de Paris*. Paris: Le Club français du Livre, 1967.

______. *Parler du Moyen Âge*. Paris: Minuit, 1980.

SOBRE O LIVRO

Formato: 14 x 21 cm
Mancha: 24,6 x 38,4 paicas
Tipologia: Adobe Jenson Regular 13/17
Papel: Off-white 80 g/m² (miolo)
Cartão supremo 250 g/m² (capa)
1ª edição: 2015

EQUIPE DE REALIZAÇÃO

Edição de texto
Tomoe Moroizumi (Copidesque)
Carmen T. S. Costa (Revisão)

Capa
Estúdio Bogari

Editoração eletrônica
Vicente Pimenta

Assistência editorial
Jennifer Rangel de França

Impressão e Acabamento
PlenaPrint
Indústria Gráfica